Ce

Gary D. Chapman

Ce que j'aurais aimé savoir *avant* de me marier

ÉDITIONS OURANIA

Ce que j'aurais aimé savoir avant de me marier
This book was first published in the United States
by Northfield Publishing,
820 N. LaSalle Blvd., Chicago, IL 60610,
with the title *Things I Wish I'd Known Before We Got Married*

Les textes bibliques sont tirés de la version Segond 21
www.universdelabible.net

Traduction: Odile Favre

13e édition du texte, 7e édition format poche 2023
CP 31, 1032 Romanel-sur-Lausanne, Suisse

info@ourania.info
www.ourania.info

ISBN édition imprimée 978-2-88913-029-0
ISBN format epub 978-2-88913-562-2
ISBN format pdf 978-2-88913-949-1

Imprimé en Bulgarie, sur les presses de Smilkov

Table des matières

Introduction

A l'université, j'ai choisi de me spécialiser en anthropologie. Je suis allé jusqu'au master, mais je ne me suis pas arrêté là: pendant plus de quarante ans, j'ai continué à étudier les cultures et les sociétés. Et j'en suis arrivé à une conclusion très claire: le mariage entre un homme et une femme est le fondement de toute société humaine. Il est logique qu'une fois adultes, nos enfants se marient. En 2009, le nombre de mariages célébrés en Europe s'est élevé à 2,3 millions.[1] Plus de 2 millions de personnes ont donc répondu: «Oui, je le veux», à la question: «Acceptez-vous de prendre … pour époux(se)?»

Au moment du mariage, la majeure partie des couples s'imaginent qu'ils vont «vivre heureux et avoir beaucoup d'enfants». C'est une évidence, personne ne se marie dans l'espoir d'être malheureux ou de rendre son conjoint malheureux. Pourtant, nous savons que le taux de divorce est très élevé en Occident. En 2008, on a enregistré environ 1 million de divorces dans l'ensemble des pays de l'Union européenne.[2]

1 Voir: http://epp.eurostat.ec.europa.eu/statistics_explained/index.php/Marriage_and_divorce_statistics/fr.

2 *Ibid.*

Lorsqu'on se marie, ce n'est pas en pensant au divorce. Le divorce est dû à un manque de préparation au mariage et à l'incapacité, pour les deux conjoints, d'apprendre à fonctionner ensemble, comme une équipe, dans une relation d'intimité. Le comble, c'est que nous reconnaissons l'importance de la formation dans toutes sortes de domaines, mais que nous ne parvenons pas à reconnaître ce besoin lorsqu'il s'agit du mariage. La plupart des gens se préparent beaucoup mieux pour leur vie professionnelle que pour leur mariage. Il n'est donc pas surprenant qu'ils aient plus de facilité à réussir leur carrière qu'à construire un mariage heureux.

La décision de se marier a une plus grande incidence sur la vie d'une personne que bon nombre d'autres décisions qu'elle peut prendre. Malgré cela, les couples continuent à se précipiter dans le mariage en étant peu, voire aucunement, préparés. En fait, ils consacrent bien plus de temps à organiser la fête elle-même qu'à envisager la vie conjugale. Mais la fête ne dure que quelques heures, tandis que le mariage – c'est à espérer – dure toute la vie.

Le but de ce livre n'est pas de vous aider à organiser votre *journée* de mariage mais de vous donner des pistes pour réussir votre *vie de couple*.

Le but de ce livre n'est pas de vous aider à organiser votre *journée* de mariage mais de vous donner des pistes pour réussir votre *vie de couple*.

Cela fait plus de 30 ans que je conseille des personnes dont les rêves de bonheur conjugal ont été brisés par la réalité bien concrète du linge sale, des factures non payées, des horaires de travail incompatibles et des bébés qui pleurent. Grâce à leur persévérance (et à de nombreux entretiens), plusieurs de ces couples ont pu continuer leur vie à deux et connaître finalement un mariage heureux. J'en suis reconnaissant.

J'ai la conviction qu'un grand nombre de ces souffrances auraient pu être évitées si les personnes concernées avaient pris le temps de bien se préparer au mariage. C'est la raison pour laquelle j'ai souhaité écrire ce livre. Mon désir, c'est que vous puissiez apprendre de leurs erreurs; ce sera beaucoup moins douloureux que d'apprendre des vôtres. J'aimerais que vous puissiez avoir la vie de couple à laquelle vous aspirez, caractérisée par l'amour et le soutien mutuels et par un bonheur partagé. Je peux toutefois vous dire avec certitude que ce genre de mariage n'arrive pas simplement quand vous vous… mariez. Il vous faut prendre le temps de découvrir les conseils qui ont fait leurs preuves dans ce domaine et les mettre en pratique.

Si vous ne fréquentez pas actuellement et que vous n'envisagez pas de vous marier dans un avenir proche, ce livre vous préparera à passer du célibat au mariage. Si vous fréquentez sans vous être encore fiancé(e), il vous aidera à savoir si un mariage peut être envisagé et, si oui, quand cela peut être annoncé à votre entourage. Enfin, si vous êtes déjà fiancé(e), il vous aidera à comprendre ce qui fait le fondement d'un mariage heureux et vous donnera des pistes pour y parvenir.

Quand je repense aux premières années de mon mariage, je regrette que personne ne m'ait dit alors ce que je m'apprête à vous dire au travers de ces pages. Je pense honnêtement que j'aurais écouté. A l'époque, cependant, la notion de «préparation au mariage» n'existait pas. J'espère que les expériences que je relate, tirées de ma propre vie de couple, vous aideront à éviter certaines des souffrances et des frustrations que Karolyn et moi avons connues.

Ne vous contentez pas de lire cet ouvrage. Mettez-le en pratique! Pour vous préparer au mieux au mariage, efforcez-vous de voir en face les réalités qui y sont présentées et les problèmes qui y sont soulevés, exprimez honnêtement ce que vous pensez et ressentez au sujet des thèmes abordés, puis respectez l'avis de l'autre et trouvez des solutions réalistes lorsque vous voyez les choses différemment. Si vous ignorez ces questions et choisissez de croire que vos sentiments amoureux réciproques vous porteront jusqu'au bout, vous allez au-devant d'un échec. Je souhaite pour vous que vous vous prépariez au mariage comme s'il s'agissait de la relation humaine la plus importante de votre vie. Si vous vous y consacrez pleinement, vous trouverez le chemin du bonheur conjugal auquel vous aspirez.

Ne l'oubliez pas, la fête n'est que le commencement!

Gary Chapman

1. «Si seulement j'avais su… qu'être amoureux ne suffit pas pour construire un mariage heureux»

Cela aurait dû être évident, mais à ce moment-là, je ne l'ai pas compris. Je n'avais jamais lu d'ouvrages sur le mariage, et j'étais donc bien loin de la réalité. Je savais juste que j'éprouvais des sentiments pour Karolyn et que ceux-ci ne ressemblaient en rien à ce que j'avais pu ressentir pour d'autres filles. Lorsque nous nous embrassions, j'avais l'impression de m'envoler, et quand je la revoyais après une absence prolongée, j'en avais des frissons. Tout me plaisait chez elle: je la trouvais jolie, j'aimais sa manière de s'habiller, sa façon de parler, de marcher, et j'étais surtout fasciné par ses yeux bruns. Je m'entendais même bien avec sa mère; je me suis d'ailleurs porté volontaire pour repeindre sa maison. J'étais prêt à tout pour faire savoir à cette fille combien je l'aimais. Je ne pouvais pas imaginer une jeune femme plus merveilleuse. Et je pense qu'elle avait les mêmes sentiments à mon égard.

Forts de ces bonnes dispositions, nous avions la ferme intention de nous rendre mutuellement heureux pour la vie. Cependant, nous avons vite déchanté: après six mois de mariage, les sentiments si romantiques qui nous transportaient dans un état d'euphorie s'étaient évanouis. Ils avaient laissé la place à la douleur, la colère, la déception et l'amertume. Ni elle ni moi n'avions prévu ce scénario lorsque nous étions «fous amoureux». Nous pensions alors que nos bonnes impressions et nos sentiments réciproques nous accompagneraient tout le long du chemin.

Depuis que je conseille des couples qui désirent se marier, je me suis rendu compte que la plupart ont la même compréhension, très limitée, de ce que signifie «être amoureux». Lors du premier entretien, je leur demande souvent: «Pourquoi voulez-vous vous marier?» Et ils me répondent presque tous la même chose: «Parce que nous nous aimons.» Ensuite, je pose une question «piège»: «Que voulez-vous dire par là?» Bien sûr, cela les surprend. Généralement, ils m'expliquent alors qu'ils éprouvent des sentiments très forts l'un pour l'autre, qui durent depuis un certain temps et qui, quelque part, sont différents de ceux qu'ils ont pu ressentir auparavant pour d'autres personnes qu'ils ont fréquentées. Et souvent, ils se regardent, regardent le plafond, rient bêtement, puis l'un des deux finit par dire: «Eh bien, euh… oh, vous savez.»

Aujourd'hui, avec le recul et l'expérience, je pense effectivement que je sais. Mais je doute qu'eux sachent réellement. Je crains qu'ils aient la même perception de l'amour que Karolyn et moi avions lorsque nous nous sommes mariés. Et je sais maintenant que le fait d'être amoureux ne suffit pas pour construire un mariage heureux.

Il y a quelque temps, un jeune homme m'a téléphoné pour savoir si je pourrais célébrer son mariage. Lorsque je lui ai demandé de me préciser la date, il m'a répondu que le grand jour aurait lieu... à peine une semaine plus tard! Je lui ai expliqué que, généralement, j'avais entre six et huit entretiens avec les jeunes couples candidats au mariage. Ce qu'il m'a dit alors est assez classique: «En fait, pour être honnête avec vous, je ne crois pas que nous ayons besoin d'entretiens. Nous nous aimons vraiment et je ne pense pas que nous rencontrerons des problèmes.» J'ai souri, puis pleuré intérieurement: ce jeune homme était lui aussi victime de l'«illusion amoureuse».

On emploie souvent l'expression «tomber amoureux». Quand je l'entends, cela me fait penser à la façon dont on s'y prend pour chasser dans la jungle: on creuse un trou sur le chemin qu'emprunte l'animal pour se rendre à son point d'eau et on le recouvre de branches et de feuilles. Alors, la pauvre bête arrive, inconsciente du danger, puis, tout à coup, elle tombe dans le piège!

Ces sentiments ont leur importance. Cependant, ils ne constituent pas le fondement d'un mariage satisfaisant.

Telle est notre expérience du sentiment amoureux: nous avançons dans la vie, vaquant à nos tâches habituelles, quand, tout à coup, en regardant de l'autre côté de la pièce ou du couloir, nous le (la) voyons! Et vlan, nous «tombons amoureux»! Nous ne pouvons rien y faire. C'est quelque chose que nous ne maîtrisons pas. Sachant que nous sommes faits l'un pour l'autre, faits pour nous unir, nous nous disons que le plus tôt sera le mieux. Nous en parlons à nos amis, et comme ils voient les choses de la même manière, ils se disent eux aussi que, si nous sommes vraiment amoureux, il est temps que nous nous mariions.

Malheureusement, souvent, nous oublions de réfléchir à nos convictions sur le plan spirituel, à nos intérêts sur le plan intellectuel et culturel et à nos affinités sur le plan relationnel. Et nous ne nous rendons pas compte que, dans ces domaines, nous sommes complètement différents. Les valeurs auxquelles nous sommes attachés et les buts que nous poursuivons sont tout à fait contraires, mais… nous sommes amoureux. Ce qui est malheureux, avec cette conception de l'amour, c'est qu'une année après le mariage, le couple se retrouve dans le bureau d'un conseiller conjugal pour dire: «Nous ne nous aimons plus.» L'un comme l'autre sont prêts à se séparer: «S'il n'y a plus d'amour, vous ne vous attendez quand même pas à ce que nous restions ensemble!?»

Le «picotement du coup de foudre»

Le genre d'amour dont nous venons de parler correspond pour moi plutôt au «picotement du coup de foudre»: on ressent de fortes émotions, on éprouve une sensation de chaleur, de fourmillement, une admiration enthousiaste en pensant à une personne du sexe opposé. Ce sont ces «picotements» qui, par exemple, nous motivent à aller manger un hamburger avec elle. Parfois, ils disparaissent lors du premier rendez-vous: nous découvrons quelque chose sur l'autre qui nous refroidit brusquement. Lorsqu'il (elle) nous invite à nouveau à manger quelque part, nous n'avons pas faim. D'autres fois, c'est le contraire: plus nous sommes avec lui (elle), plus le sentiment s'intensifie. Nous commençons à penser à lui (elle) jour et nuit; cela devient obsédant. C'est la personne la plus intéressante et la plus formidable que nous ayons jamais rencontrée! Nous désirons être en sa compagnie aussi souvent que possible. Nous rêvons de partager le reste de notre vie avec elle et de la rendre heureuse.

Attention, ne me comprenez pas mal: ces sentiments ont leur importance; ils sont bien réels, et je suis pour qu'ils durent. Cependant, ils ne constituent pas le fondement d'un mariage satisfaisant. Je ne dis pas qu'il faille se marier sans les éprouver. Ces émotions fortes, cette frénésie, ces palpitations, ce sentiment d'acceptation si agréable, cette sensation d'excitation au contact de l'autre, tout cela représente la «cerise sur le gâteau». Mais une cerise ne fait pas le gâteau. Les nombreuses autres questions abordées dans ce livre sont essentielles et il est indispensable d'y réfléchir sérieusement avant de prendre le chemin du mariage.

Le fait d'être amoureux est une expérience profondément émotionnelle; c'est un sentiment qui a quelque chose d'accaparant. Cependant, les émotions changent et les passions retombent. Selon des études, la durée de vie moyenne de cette sorte d'«obsession amoureuse» est de deux ans.[1] Pour certains, elle peut se prolonger un peu; pour d'autres, elle peut être plus courte. Mais la moyenne est de deux ans, après quoi l'euphorie disparaît et les aspects de la vie dont nous ne tenions pas compte commencent à prendre de l'importance. Nos différences deviennent plus évidentes et nous finissons souvent par nous disputer avec la personne que nous trouvions si parfaite auparavant. Alors, nous constatons par nous-mêmes que le fait d'être amoureux n'est pas une base suffisante pour construire un mariage heureux.

Si vous fréquentez quelqu'un et envisagez le mariage, je vous encourage à lire l'appendice qui se trouve en fin d'ouvrage («Conseils pour la période des fréquentations»). Je crois que les fréquentations doivent avant tout vous permettre d'apprendre à vous connaître et de réfléchir à ce qui doit constituer le fondement de votre union

1 Voir Dorothy Tennov, *Love and Limerence*, Stein and Day, 1972.

tant sur le plan spirituel, qu'intellectuel, émotionnel, social et physique. Alors, seulement, vous pourrez prendre une décision sage et vous engager ensemble dans le mariage… ou pas. Les questions posées dans l'appendice vous aideront à réfléchir ensemble à ces sujets.

Discutez-en

Sur une échelle de 0 à 10, quelle «note» donneriez-vous aux sentiments romantiques et passionnés que vous éprouvez pour la personne que vous fréquentez?

Selon des études, les sentiments de ce genre ont une «durée de vie moyenne» de deux ans. Combien de temps pensez-vous qu'ils dureront pour vous?

Vous êtes-vous demandé si vous étiez compatibles sur les plans suivants:

- ◊ spirituel (unité)
- ◊ intellectuel (sujets de conversation, intérêts)
- ◊ moral (valeurs)
- ◊ social (choix des amis)
- ◊ culturel (goûts)
- ◊ émotionnel (façon de réagir, maîtrise de soi)

Si vous souhaitez réfléchir plus sérieusement à ces questions, vous pouvez utiliser l'appendice qui se trouve en fin d'ouvrage.

2. «Si seulement j'avais su… qu'il y a deux étapes dans l'amour»

C'est à l'aéroport de Chicago que je l'ai rencontrée: elle allait rejoindre son fiancé pour le week-end.

– Où est-ce que vous allez? m'a-t-elle demandé.

– Je vais à Milwaukee, dans le Wisconsin, pour animer un séminaire sur le mariage.

– Qu'est-ce que vous enseignez dans ce genre de séminaires?

– J'essaie de proposer des pistes concrètes aux participants pour les aider à améliorer leur vie de couple s'ils sont déjà mariés.

– Pourquoi? m'a-t-elle demandé avec des yeux étonnés. Si on s'aime, cela ne suffit pas?

Si on s'aime, cela ne suffit pas?

Je savais que Jan – tel était son prénom – était sincère, car je pensais comme elle avant de me marier. En attendant notre vol, je lui ai parlé des deux étapes de l'amour. La première nécessite peu d'efforts: nous sommes motivés par nos sentiments et nous nous trouvons dans un état d'euphorie (voir chapitre 1). Nous sommes «amoureux». Dans cette phase, nous faisons volontiers des choses pour la personne que nous aimons sans avoir l'impression que cela nous coûte. Nous parcourons facilement 800 kilomètres ou prenons l'avion juste pour pouvoir passer quelques heures avec elle. Nous avons le sentiment qu'elle est parfaite.

La jeune femme a acquiescé.

J'ai ajouté rapidement:

– Bien sûr, il est possible que votre mère ait un avis différent. Elle vous dit peut-être: «Ma chérie, est-ce que tu as pensé à…»

– Oui, j'ai déjà entendu ça, a-t-elle répondu.

A cette étape de l'amour romantique, le couple n'a pas à *travailler* pour que la relation s'améliore. Il se peut qu'ils dépensent tous deux beaucoup d'énergie à faire des choses l'un pour l'autre, mais ils n'ont pas l'impression que cela nécessite un effort. Ils ont plutôt tendance à dire que c'est un *plaisir*. Ils sont même absolument ravis de pouvoir faire quelque chose pour l'autre. Ils désirent se rendre mutuellement heureux et y parviennent souvent.

Cependant, comme je l'ai dit au chapitre précédent, ce sentiment d'amour romantique ne dure en moyenne que deux ans. On ne reste pas dans cet état d'euphorie pour toujours. Et d'ailleurs, il vaut mieux qu'il en soit ainsi, car il est difficile de se concentrer sur quoi que ce soit d'autre lorsqu'on est *amoureux*. Si cela vous arrive pendant vos études, vos notes vont certainement baisser un peu. Quel est l'amoureux qui s'inquiète d'un test écrit sur la guerre franco-allemande de 1870-1871? De telles choses semblent futiles, dans ce cas-là; l'important, c'est d'être avec la personne qu'on aime. Je connais des jeunes femmes qui ont abandonné leurs études pour se marier parce que l'être aimé déménageait dans une autre région et qu'elles voulaient l'accompagner.

Si ce sentiment romantique accaparant durait vingt ans, rares seraient les personnes qui termineraient leur formation, qui feraient carrière ou qui s'engageraient dans des œuvres de bienfaisance. Quand nous sommes amoureux, le reste du monde ne compte pas. Nous ne pensons qu'à être avec l'autre et à le rendre heureux.

La seconde étape de l'amour sollicite beaucoup plus notre volonté que la première.

Avant mon mariage, personne ne m'avait parlé des deux étapes de l'amour. Je savais que j'aimais Karolyn et je m'attendais à ce que mes sentiments pour elle durent jusqu'à la fin de mes jours. Elle me rendait heureux, et je désirais faire de même pour elle. Mais lorsque l'euphorie a disparu, j'ai perdu mes illusions. Me souvenant des avertissements de ma mère, je me suis mis à penser: *J'ai épousé la mauvaise personne. Si j'avais vraiment épousé la bonne personne, mes sentiments n'auraient pas perdu en intensité aussi rapidement après le mariage... Nos différences semblent si évidentes maintenant. Pourquoi ne les ai-je pas vues plus tôt?* Ces pensées douloureuses me tourmentaient et m'ébranlaient.

La seconde étape de l'amour

Si seulement quelqu'un m'avait dit que ce que je pensais et ressentais était normal; si seulement j'avais su qu'il y a en réalité deux étapes dans l'amour et que je me trouvais dans la phase de transition. Mais malheureusement, personne ne m'a parlé de cela. Si j'avais su alors ce que je vais partager avec vous maintenant, cela m'aurait épargné des années de difficultés conjugales. J'ai en effet découvert que la seconde étape de l'amour sollicite beaucoup plus notre volonté que la première. Elle exige aussi un certain «travail», si nous voulons pouvoir maintenir la flamme du sentiment amoureux. Mais pour ceux qui font l'effort de passer de l'étape 1 à l'étape 2, les récompenses sont magnifiques.

Alors que j'étais jeune conseiller conjugal, j'ai commencé à me rendre compte que ce qui procure à quelqu'un le sentiment d'être aimé ne donne pas forcément ce même sentiment à quelqu'un d'autre. Et lorsque l'euphorie retombe, les couples n'arrivent souvent pas à s'exprimer mutuellement leur amour. Elle dit: «J'ai l'impression qu'il ne m'aime pas», et lui dit: «Je ne la comprends pas. Je fais tout ce que je peux: je nettoie la voiture, je tonds la pelouse tous les samedis, je l'aide dans les tâches ménagères… Je ne sais pas ce qu'elle attend de plus.» Elle répond: «C'est vrai, il fait tout ça. C'est un bosseur.» Puis, les larmes aux yeux, elle ajoute: «Mais nous ne parlons jamais.»

Le temps passant, j'ai continué à entendre ce genre d'histoires. J'ai alors décidé de reprendre les notes que j'avais prises au cours de mes entretiens et je me suis demandé: *Si quelqu'un dit: «J'ai l'impression que mon conjoint ne m'aime pas», qu'est-ce qu'il espère? Qu'est-ce qu'il veut dire? Qu'est-ce qu'il déplore?* J'ai classé les différentes plaintes que j'avais pu entendre, et j'ai découvert cinq catégories, que j'ai appelées par la suite «les cinq langages de l'amour».

En effet, de même qu'il existe différentes langues, il existe différentes manières d'exprimer l'amour. Et de même que nous avons tous une langue maternelle, une langue que nous comprenons mieux que les autres, nous avons aussi chacun un langage d'amour fondamental. Sur les cinq langages d'amour qui existent, il y en a un qui nous parle plus que les quatre autres. Et, comme je l'ai aussi constaté, mari et femme ont rarement le même. Par nature, nous avons tendance à faire pour l'autre ce qui *nous* donne le sentiment d'être aimés. Mais si cela ne correspond pas à *son* langage, il (elle) ne sera pas touché(e) de la même façon.

Dans l'exemple cité précédemment, le mari parle le langage des *services rendus*. Il lave la voiture, tond la pelouse, bref, il aide sa femme de diverses manières. C'est sa façon à lui de manifester son amour. Il le lui exprime sincèrement, mais pas dans son langage à *elle*. En effet, pour sa part, elle est sensible aux *moments de qualité*. Elle dit: «Nous ne parlons jamais.» Pour qu'elle se sente aimée, elle a besoin que son mari prenne vraiment du temps pour elle en l'écoutant, en parlant avec elle, en lui racontant ce qu'il vit, c'est-à-dire en communiquant.

Après avoir réfléchi à ces choses, j'ai écrit un livre intitulé *Les langages de l'amour. Les actes qui disent «je t'aime»*.[1] Il s'est beaucoup vendu en anglais et a été traduit en de nombreuses autres langues. Il a aidé bien des couples à apprendre à communiquer, à s'exprimer l'un l'autre leur amour de manière efficace et à en maintenir la flamme. Il leur a montré comment passer de l'étape 1 à l'étape 2. Considérons brièvement ces cinq langages de l'amour:

1. Les paroles valorisantes

Voici quelques exemples de paroles valorisantes:

> «Je suis vraiment reconnaissant(e) que tu aies lavé la voiture. Elle est magnifique, maintenant!»
> «Merci d'avoir sorti les poubelles. Tu es formidable!»
> «Cette chemise te va vraiment bien.»
> «J'aime ton optimisme.»

1 Editions Farel, 1997.

«Je suis touché(e) de voir comment tu t'occupes de ta mère.»

«Ton sourire est contagieux. Tu as remarqué que tout le monde s'est déridé quand tu es entré(e) dans la pièce?»

Nous pouvons faire des compliments à l'autre au sujet de son caractère ou de sa manière d'être et de s'habiller. Nous pouvons aussi le (la) remercier pour quelque chose qu'il (elle) a fait pour nous ou pour telle ou telle personne. Réfléchissons à ce que nous admirons ou apprécions chez lui (elle), et disons-le-lui. Si les *paroles valorisantes* correspondent à son langage d'amour fondamental, cela lui fera l'effet d'une pluie arrosant une terre desséchée. Rien ne lui donnera davantage le sentiment d'être aimé(e).

2. Les services rendus

Pour la personne sensible à ce langage, les actes parlent plus fort que les paroles. Si vous lui dites des paroles valorisantes telles que: «Je t'admire, je t'apprécie, je t'aime», elle pensera probablement (et peut-être vous le dira-t-elle clairement): *Si tu m'aimes, pourquoi est-ce que tu ne me donnes pas un coup de main autour de la maison?* Si les *services rendus* correspondent à son langage d'amour principal, alors elle se sentira aimée si vous lavez la voiture, tondez la pelouse ou changez la couche du petit. La clé, pour manifester votre amour à cette personne, est de découvrir ce qu'elle aimerait que vous fassiez, puis de le faire régulièrement.

3. Les cadeaux

Certaines personnes se sentent vraiment aimées lorsqu'on leur offre un cadeau. Ce langage leur fait comprendre qu'on a pensé à elles et qu'on tient à elles. Les meilleurs présents sont ceux qui font *réellement* plaisir. Si vous donnez une canne à pêche à quelqu'un qui n'aime pas la pêche, ce ne sera probablement pas une preuve d'amour très parlante...

Comment pouvons-nous découvrir ce que l'autre aimerait recevoir? En posant des questions et en observant. Ecoutons ses commentaires quand il (elle) reçoit des cadeaux de la part d'autres personnes de la famille. Ecoutons bien, et nous saurons ce qui lui fait le plus plaisir. Soyons attentifs aux remarques qu'il (elle) fait en regardant un catalogue ou en voyant une publicité à la télévision. S'il (elle) dit qu'il (elle) aimerait bien quelque chose, notons-le. Nous pouvons aussi lui demander ouvertement: «Si je voulais te faire un cadeau, qu'est-ce qui te ferait plaisir?» Il vaut mieux lui offrir quelque chose dont il (elle) a déjà parlé que de lui faire une surprise avec un cadeau qu'il (elle) n'apprécie pas. Et il n'est pas nécessaire que cela coûte cher: une rose, du chocolat, une jolie carte, un livre... tous ces petits présents exprimeront clairement notre amour à l'être aimé si son langage d'amour est celui des *cadeaux*.

4. Les moments de qualité

Consacrer du temps de qualité à une personne, c'est lui accorder une attention exclusive. Nous asseoir dans la même pièce pour regarder la télévision n'est pas suffisant. En effet, alors, notre attention n'est pas entière. Pour passer du temps de qualité ensemble, il faut être dans la même pièce, certes, mais avec la télévision éteinte et le journal replié sur la table. Il faut pouvoir se regarder l'un l'autre, se parler et s'écouter.

Nous pouvons aussi aller nous promener, pour autant que notre but soit d'être avec celui ou celle que nous aimons, et non pas uniquement de faire de l'exercice. Les couples qui vont au restaurant mais qui ne se parlent pas ne sont pas sensibles au langage des *moments de qualité.* Ils satisfont simplement leur besoin physique, celui de se nourrir. Les vrais moments de qualité disent: «Je fais cela parce que j'ai envie d'être avec toi.»

Que nous travaillions ensemble au jardin ou partions faire du camping, le but est que nous passions du temps l'un avec l'autre.

Pour certaines personnes, rien ne vaut un *moment de qualité.* Cela leur permet de se sentir vraiment aimées.

5. Le contact physique

Nous connaissons depuis longtemps l'importance du contact physique. Différentes études ont montré que les bébés qui sont câlinés et qui font l'objet de gestes de tendresse se développent beaucoup mieux sur le plan affectif que les bébés qui vivent de longues périodes sans contact physique.

Dans chaque culture, il y a, entre membres du sexe opposé, des touchers qui sont appropriés et d'autres qui sont inappropriés. Mais une chose est sûre, le toucher approprié est affectueux, tandis que le toucher inapproprié est humiliant.

Pour la personne sensible à ce langage d'amour, rien ne parle plus que le *contact physique* à propos.

Découvrir notre langage d'amour

Considérons, ci-après, trois moyens de découvrir notre langage d'amour fondamental.

Premièrement, nous pouvons *observer notre propre comportement*: comment exprimons-nous généralement notre amour et notre reconnaissance aux autres? Si nous posons toujours notre main sur l'épaule des gens ou si nous les serrons facilement dans nos bras, alors notre langage est probablement le *toucher physique*. Si nous aimons les encourager, il consiste certainement plus à prononcer des *paroles valorisantes*. Si nous aimons leur offrir des *cadeaux*, nous sommes peut-être contents d'en recevoir aussi. Et si nous apprécions le moment des repas ou le temps passé à nous promener avec eux, notre langage d'amour est plutôt celui des *moments de qualité*. Enfin, si nous sommes sans cesse en train de chercher à les aider, notre langage pourrait bien être celui des *services rendus*. Le langage que nous parlons le plus souvent est très certainement celui auquel nous sommes le plus sensibles.

Deuxièmement, nous pouvons nous demander *ce qui nous dérange* le plus chez ceux qui nous entourent. Si nous nous plaignons sans cesse de ce que personne ne nous aide, nous parlons sûrement le langage des *services rendus*. Si nous regrettons de ne pas passer assez de temps avec telle ou telle personne, nous sommes particulièrement sensibles aux *moments de qualité*. Si nous disons à un(e) ami(e) qui rentre de voyage: «Tu ne m'as rien rapporté?» nous montrons par là que les autres peuvent nous exprimer leur amour en nous offrant des *cadeaux*. Et si nous disons: «Je pense que tu n'auras jamais de geste affectueux à mon égard si je ne commence pas», nous prouvons que le *toucher physique* est notre langage d'amour. Enfin, si nous nous plaignons de ne jamais «rien faire de bien», cela indique peut-être que nous apprécions particulièrement les *paroles valorisantes*. Ce que nous reprochons aux autres de ne pas nous donner montre ce que nous aimerions le plus recevoir de leur part.

Troisièmement, réfléchissons à *ce que nous demandons le plus souvent*. Si nous disons à un ami qui part en voyage: «N'oublie pas de me rapporter une surprise», c'est le signe que les *cadeaux* sont importants pour nous. Si nous demandons: «Est-ce que tu aurais le temps de faire une promenade ce soir?» nous aspirons à un *moment de qualité*. Si nous réclamons un massage du dos, nous montrons que le *toucher physique* est un langage qui nous parle. Et si nous demandons souvent de l'aide, les *services rendus* sont probablement notre langage d'amour. Enfin, si nous demandons: «Est-ce que j'ai fait un bon travail?» nous attachons une importance particulière aux *paroles valorisantes*.

En réfléchissant à la manière dont nous exprimons généralement notre amour et notre reconnaissance et en passant en revue nos plaintes et nos demandes les plus courantes, nous parviendrons à déterminer notre propre langage d'amour. Encourageons la personne que nous aimons à faire de même.

Apprendre à parler un langage d'amour différent du nôtre demande des efforts, c'est évident. Par exemple, la personne qui n'a pas entendu de paroles valorisantes durant son enfance aura de la peine à en prononcer. Et celle qui a grandi dans une famille aucunement démonstrative sur le plan affectueux devra apprendre le langage du toucher. Mais la bonne nouvelle, c'est que tous ces langages peuvent être *appris*. Et plus nous les parlons, plus ils deviennent faciles.

Le langage d'amour de ma femme est celui des *services rendus*. C'est pourquoi je passe l'aspirateur, je fais la vaisselle et je sors les poubelles. C'est un petit «sacrifice» qui permet de maintenir la flamme de l'amour. Et pour ma part, je me sens aimé quand on m'adresse des *paroles valorisantes*.

Je ne quitte donc jamais la maison sans que mon épouse m'ait dit quelque chose d'encourageant. Et notre amour mutuel est aujourd'hui bien plus profond que quand nous étions portés par l'euphorie de la passion. Pour faire durer l'amour dans un mariage, il faut passer de l'étape 1 à l'étape 2. Le fait d'apprendre le langage d'amour préféré de l'autre durant la période des fréquentations facilite la transition plus tard. C'est ce que je vous souhaite.

Discutez-en

Quel est, d'après vous, votre langage d'amour fondamental? Pourquoi?

Si vous fréquentez, quel est, à votre avis, le langage d'amour fondamental de la personne que vous aimez?

D'après vous, le fait de savoir quel langage d'amour vous parlez l'un et l'autre vous aidera-t-il à approfondir votre relation?

Si vous n'avez pas encore lu *Langages d'amour des solos*[1], vous souhaiterez peut-être le faire ensemble afin d'en discuter ensuite.

1 Gary Chapman, Editions Farel, 2005.

3. «Si seulement j'avais su… que le proverbe 'Telle mère, telle fille; tel père, tel fils' n'est pas un mythe»

Je ne veux pas dire que la jeune femme (le jeune homme) que vous vous apprêtez à épouser deviendra exactement comme sa mère (son père). En revanche, ce qui est certain, c'est que vous êtes l'un et l'autre fortement influencés par vos parents.

Si son père est dominateur, grossier et injurieux, ne soyez pas surprise si, dans dix ans, celui qui est votre fiancé aujourd'hui présente des traits de caractère semblables. A un certain niveau, nous sommes tous des produits de notre milieu. Des études ont montré que les hommes grossiers et violents ont presque toujours grandi dans un foyer où régnaient la grossièreté et la violence.[1]

Mais ne pouvons-nous pas tirer les leçons de leur mauvais exemple et changer de comportement? vous demandez-vous peut-être. Bien sûr

1 James Garbarino, *Lost Boys: Why Our Sons Turn Violent and How We Can Save Them*, Free Press, 1999.

que si! Cependant, il faut vouloir *apprendre*. Si le fils d'un homme violent ne cherche pas à comprendre pourquoi son père est devenu violent ni à savoir comment il peut, lui, sortir de ce cercle vicieux, alors il risque de reproduire le même comportement un jour ou l'autre.

Selon les statistiques, si une mère est alcoolique, sa fille risque de le devenir à son tour.[1] Cependant, elle n'est pas *condamnée* à le devenir. En effet, si elle cherche à comprendre les mécanismes de l'alcoolisme, si elle apprend à réagir au stress et à la déception de la bonne manière, elle pourra briser les chaînes de la dépendance.

Par conséquent, si vous avez l'un ou l'autre un parent qui a des comportements destructeurs, il serait sage et responsable, durant la période des fréquentations, que vous suiviez un cours, lisiez des livres ou parliez avec un conseiller à ce sujet. Il est aussi important que vous discutiez ensemble de ce que vous apprenez. Ne fermez pas les yeux sur les problèmes.

Nous ressemblons souvent bien plus à nos parents que nous voulons l'admettre.

Un point de moindre importance: regardez à quoi ressemble votre père (si vous êtes un garçon) ou à quoi ressemble votre mère (si vous êtes une fille), et vous verrez à quoi vous ressemblerez probablement dans vingt ans. Si le père est dégarni,

1 Theodore Jacob & Sheri Johnson, «Parenting Influences on the Development of Alcohol Abuse and Dependence», *Alcohol Health and Research World*, vol. 21, n° 3, 1997, 204-209.

le fils le sera certainement aussi, et si la mère est active et énergique, la fille sera sans doute comme elle.

Récemment, avec mon épouse, nous avons passé une semaine à la mer en compagnie de Shelley, notre fille, de John, son mari, et de nos deux petits-enfants. Le premier jour, après le petit-déjeuner, nous sommes allés à la plage. Tandis que notre gendre creusait un trou dans le sable pour faire tenir le parasol, notre fille a plongé sa main dans un seau d'eau et a aspergé le dos de son mari en riant. Je lui ai dit: «Tu illustres un point de mon livre: telle mère, telle fille. C'est exactement ce que ta mère aurait fait!» Plus tard, dans la journée, au moment où John partait à l'épicerie, Shelley nous a dit, assez fort pour qu'il l'entende: «C'est un mari formidable!» comme sa mère me dit en de multiples occasions. Et même si je ne suis pas certain qu'elle ait raison, je dois avouer que j'aime entendre cela. Et j'imagine que c'est pareil pour John.

Que ce soit au niveau des bons ou des mauvais traits de caractère, nous ressemblons souvent bien plus à nos parents que nous ne voulons l'admettre.

C'est aussi le cas en ce qui concerne la communication. Par exemple, si vous remarquez que votre future belle-mère interrompt souvent son mari quand il parle pour le corriger («Non, ce n'était pas mardi, mais mercredi»; «Ce n'était pas en 2005; c'était en 2006»; «Non, ce n'est pas comme ça que ça s'est passé»...), vous pouvez vous attendre à ce que sa fille agisse aussi de cette façon. Peut-être avez-vous même déjà constaté qu'il en était ainsi au cours de vos discussions. Si cela vous irrite et vous contrarie, c'est maintenant qu'il faut en parler. En effet, si les choses ne changent pas avant le mariage, il n'y aura probablement pas non plus de changement après. Le fait de se marier ne règle pas automatiquement les problèmes!

Un jeune homme m'a dit un jour: «Je suis terrorisé quand je suis chez ses parents. Sa mère parle tout le temps. Elle reprend à peine sa respiration entre deux phrases. Elle raconte des histoires compliquées, en donnant toutes sortes de détails. J'ai l'impression d'être comme pris au piège en sa présence: il est par exemple impossible de quitter la pièce pour aller chercher à boire. Je perçois un peu la même chose chez Annie et j'ai peur qu'elle devienne comme sa mère. Je ne pense pas que j'arriverai à supporter ça.» Ce qui m'a réjoui, c'est qu'il a exprimé ce souci alors qu'ils étaient encore dans la période des fréquentations. Comme j'ai constaté qu'Annie ne voyait pas vraiment ce qu'il voulait dire, j'ai suggéré à ce jeune homme d'enregistrer (discrètement bien sûr) 30 minutes de conversation avec sa future belle-mère lors de leur prochaine visite.

Plus tard, quand Annie a écouté l'enregistrement, elle s'est rendu compte que sa mère posait rarement des questions et que, quand elle en posait, elle ne laissait que très peu de temps à la personne pour répondre avant de se lancer à nouveau dans un flot ininterrompu de paroles. La jeune femme a ainsi compris que, non seulement ce comportement pouvait être très désagréable, mais qu'il pouvait même empêcher un véritable dialogue.

Quand nos parents ne communiquent pas de la bonne manière, nous ne nous en rendons pas toujours compte parce que nous avons grandi avec eux. Pour nous, les choses se sont «toujours passées comme ça». Il est parfois nécessaire qu'une personne extérieure à la famille attire notre attention sur ce qui ne va pas et nous aide à comprendre pourquoi cela doit changer. Puisque nous sommes influencés par le mode de communication de nos parents, nous risquons fort de l'adopter nous-mêmes. Mais la bonne nouvelle, c'est que ce n'est *pas* une obligation. Le changement *peut* intervenir. Et c'est pendant le temps des fréquentations qu'il faut s'en occuper.

Si, quand vos futurs beaux-parents se disputent, lui finit par quitter la pièce sans même écouter sa femme jusqu'à la fin, vous pouvez vous attendre à ce que, après le mariage, l'homme que vous fréquentez réagisse de la même manière. A moins, bien sûr, qu'il ne lise ce livre ou d'autres du même genre et que vous ne trouviez ensemble une façon plus saine de résoudre les conflits.

La question de l'amabilité et de la politesse est aussi importante. Comment agissent ses parents dans ce domaine? Son père ouvre-t-il la porte de la voiture à sa femme? Si c'est le cas, votre fiancée attendra le même geste de votre part. Enlève-t-il sa casquette en rentrant à la maison? Si ce n'est pas le cas, son fils ne le fera sans doute pas non plus. Sa mère répond-elle aux questions à la place de son mari? Si oui, sa fille fera de même. Son père regarde-t-il sa femme quand elle lui parle ou continue-t-il à regarder la télévision sans se donner la peine de lui répondre? Son fils fera probablement pareil. Sa mère réclame-t-elle continuellement à son mari qu'il range le garage ou accomplisse une quelconque autre tâche? Si tel est le cas, attendez-vous à ce que sa fille fasse de même.

Votre futur beau-père est-il un homme tranquille et réservé ou plutôt expansif et direct? Sa mère est-elle indépendante? Prend-elle souvent des décisions sans en parler à son mari? Prépare-t-elle les repas? Son père nettoie-t-il sa voiture? Sa mère est-elle femme au foyer ou exerce-t-elle une profession? Son père possède-t-il sa propre entreprise ou travaille-t-il pour un patron? Tond-il la pelouse ou paye-t-il quelqu'un pour le faire? Sa mère aime-t-elle les albums photos? S'engage-t-elle activement dans l'église? Et qu'en est-il de son père à lui, dans ce domaine?

En vous posant ce genre de questions, vous saurez à quoi vous devez vous attendre si vous épousez la personne que vous fréquentez. Si l'une ou l'autre des réponses vous dérange, c'est le moment d'en discuter ouvertement. La solution est soit d'accepter ces traits de caractère, soit de réfléchir ensemble à la manière dont les choses pourraient changer.

Souvent, aujourd'hui, dans notre culture du «tout, tout de suite», les couples qui fréquentent passent peu de temps avec leurs futurs beaux-parents. Ils se marient sans vraiment connaître le contexte familial dans lequel l'autre a grandi. Ou s'ils passent du temps avec les beaux-parents, ils n'observent pas attentivement la manière dont ils se comportent et communiquent entre eux.

Durant la période des fréquentations, on a tendance à relever les côtés positifs et à ne pas vraiment voir les comportements négatifs, parce qu'on ne peut pas imaginer que la personne qu'on va épouser les adoptera un jour. Pourtant, c'est très probablement ce qui risque de se produire, à moins qu'un travail ne soit fait et que des mesures ne soient prises pour que le jeune adulte ne répète pas les comportements erronés qu'il a observés durant son enfance.

Je ne peux donc qu'encourager chaque couple à passer du temps avec les parents de l'un et de l'autre. Cela permet d'apprendre à connaître leur caractère, leur mode de communication, leurs valeurs et, surtout, leur façon de se comporter l'un envers l'autre. En effet, tout cela a grandement influencé la personne avec laquelle vous envisagez de vous marier. Si vous vous rendez compte que certaines choses vous dérangent, prenez vraiment le temps d'en parler avec votre petit(e) amie(e), puis cherchez ensemble des solutions en vue d'un changement, afin que le dicton «Telle mère, telle fille; tel père, tel fils» ne devienne pas réalité dans votre vie à deux.

Discutez-en

Pour lui

Faites une liste des choses que vous aimez chez votre père, puis une liste de celles que vous considérez chez lui comme des traits de caractère négatifs.

Si la jeune femme que vous fréquentez a déjà fait sa connaissance, demandez-lui de réfléchir, elle aussi, à cela.

Au regard de ces listes, discutez avec elle des domaines dans lesquels vous aimeriez être différent de votre père.

Que pourriez-vous faire pour que cela commence à changer?

Pour elle

Faites une liste des choses que vous aimez chez votre mère, puis une liste de celles que vous considérez chez elle comme des traits de caractère négatifs.

Si le jeune homme que vous fréquentez a déjà fait sa connaissance, demandez-lui de réfléchir, lui aussi, à cela.

Au regard de ces listes, discutez avec lui des domaines dans lesquels vous aimeriez être différente de votre mère.

Que pourriez-vous faire pour que cela commence à changer?

4. «Si seulement j'avais su… comment régler les désaccords en évitant les disputes»

Durant notre période de fréquentations avec Karolyn, je n'ai jamais imaginé que nous pourrions avoir un jour des divergences de vues importantes. Nous semblions si compatibles. J'étais prêt à faire tout ce qu'elle désirait, et elle semblait accepter facilement mes suggestions. C'est d'ailleurs une des choses qui me plaisait chez elle. Il ne m'est jamais venu à l'esprit que nous pourrions finir par nous disputer.

En tant qu'individus, nous avons chacun des désirs, des préférences et des comportements différents, chacun des choses qui nous énervent ou qui nous plaisent.

Cependant, à partir de notre voyage de noces et durant les premières années de notre mariage, nous avons connu des conflits. Je ne parvenais pas à comprendre son manque de logique, et elle ne comprenait pas comment je pouvais être si dur et si exigeant. En réalité, je n'avais aucune intention d'être dur; j'étais simplement convaincu que mon idée était la meilleure. Et, bien sûr, Karolyn pensait la même chose de ses propres idées. Personne ne nous avait dit que les divergences de vues font partie de la vie à deux.

Tous les couples ont des désaccords, et ce pour la simple et bonne raison qu'un couple est formé de deux *individus*. En tant qu'individus, nous avons chacun des désirs, des préférences et des comportements différents, chacun des choses qui nous énervent ou qui nous plaisent. Par exemple, j'ai découvert que ma femme aimait regarder la télévision, alors que, pour moi, c'était une perte de temps. «Pourquoi ne pas plutôt lire un livre et apprendre quelque chose. Est-ce que quelqu'un a déjà appris quelque chose en regardant la télévision?» Telle était ma vision des choses. Karolyn me répondait que c'était sa manière de se détendre et que, contrairement à ce que je pensais, on pouvait beaucoup apprendre en regardant les différentes émissions. Ce sujet est donc devenu très délicat et, régulièrement, il déclenchait des disputes. Et avec les années, nous avons découvert d'autres points sensibles. Notre vie conjugale est ainsi devenue une suite ininterrompue d'explosions verbales.

A cette époque, j'ai à nouveau pensé: *J'ai épousé la mauvaise personne. Si je m'étais marié avec la bonne personne, nous n'en serions pas là*. Et je suis certain que Karolyn pensait la même chose. Plus tard, en parlant avec d'autres, nous avons compris que tous les couples vivent des conflits. Certains apprennent à les résoudre «à l'amiable», tandis que d'autres recourent à de vives querelles. Nous faisions malheureusement partie de la seconde catégorie.

Ces trente dernières années, lors de mes entretiens, j'ai entendu de nombreux couples me dire combien ils étaient frustrés de toujours retomber dans le même schéma de disputes. Ils rencontraient les mêmes difficultés que ma femme et moi avions rencontrées durant le début de notre vie à deux. Heureusement, j'ai pu en aider beaucoup à trouver un meilleur chemin que celui des conflits. Dans ce chapitre, j'aimerais partager avec vous certains des conseils que je leur ai donnés.

Tout d'abord, nous devons reconnaître que les conflits *font partie* de la vie conjugale. Ils ne sont pas le signe que nous avons épousé la mauvaise personne. Ils nous rappellent simplement que nous sommes des êtres humains. Nous avons tous tendance à penser que nos idées sont les meilleures. Et nous oublions souvent que notre femme (ou notre mari) pense la même chose de ses idées à elle (lui). Sa logique ne correspond pas à la nôtre, et sa manière de ressentir les choses non plus. En effet, nos idées et notre conception de la vie sont influencées par ce que nous avons vécu avant le mariage, par nos valeurs et par notre caractère. Et ces composantes sont différentes pour chacun.

Certains conflits concernent des sujets importants, d'autres des questions de détail. Une dispute sur la manière de remplir le lave-vaisselle entre dans la catégorie des «désaccords mineurs», tandis qu'une divergence de vues sur la question d'avoir ou non un enfant implique beaucoup plus, c'est certain. Mais qu'ils soient petits ou grands, tous les conflits peuvent gâcher une soirée, une semaine, un mois ou même une vie. Et d'un autre côté, ils peuvent aussi nous apprendre à nous aimer, à nous soutenir et à nous encourager mutuellement. C'est de loin le meilleur moyen pour grandir. Ce qui fait toute la différence, c'est notre manière de gérer les divergences de vues.

Une fois que nous avons accepté la réalité des conflits, nous devons trouver le moyen de les régler positivement. Et cela commence par reconnaître que nous avons besoin d'écouter. Dans une dispute, nous ressentons généralement le besoin de parler. Cependant, le fait de parler sans écouter engendre la querelle. Le plus important est d'écouter. Une épouse m'a dit un jour:

– La chose la plus utile que nous avons apprise lors de notre premier entretien avec vous a été de demander un «temps d'écoute». Avant, je disais à mon mari: «Il faut qu'on parle.» Mais cette phrase le mettait toujours de mauvaise humeur. Maintenant, je lui dis: «Quand cela te conviendra, j'aimerais que tu m'accordes un temps pour t'écouter.» Il n'attend jamais longtemps avant de me dire: «Bon, alors tu veux écouter ce que je pense, c'est ça?» Je lui réponds par l'affirmative, et nous programmons un temps d'écoute. Cela change vraiment l'ambiance.

– Très bien! Alors, comment commencez-vous votre temps d'écoute? lui ai-je demandé.

– En général, a-t-elle expliqué, il dit: «Alors, tu veux écouter ce que j'ai à dire? C'est à quel sujet?» Et je réponds par exemple: «C'est au sujet des vacances de Noël.» Nous avons décidé de discuter d'un seul sujet à la fois. Il me dit donc ce qu'il aimerait faire pendant les vacances, et j'essaie vraiment de comprendre non seulement ce qui lui plairait mais pourquoi cela lui plairait et à quel point c'est important pour lui. Je lui pose aussi souvent des questions pour le conduire à préciser sa pensée, comme: «Tu veux dire que tu aimerais passer Noël avec tes parents parce que ton père a le cancer et que tu ne sais pas s'il sera encore là l'année prochaine, c'est ça?» Et une fois que j'ai posé toutes mes questions, je conclus: «C'est logique, je peux comprendre.» Puis, il dit: «Maintenant que je t'ai donné mon avis, j'aimerais bien savoir ce que tu penses, toi.» J'exprime alors mon point de vue tandis qu'il écoute et cherche à me comprendre. Il se peut qu'il me pose lui aussi des questions telles que: «Tu dis que tu aimerais qu'on passe Noël avec tes parents parce que ta sœur de Californie sera là et qu'elle ne vient qu'une fois tous les cinq ans et que tu ne veux pas rater cette occasion de passer du temps avec elle, c'est ça?» Après m'avoir écoutée et avoir posé toutes ses questions, il me dit: «C'est logique. Je pense que je comprends.» A ce stade-là, nous n'avons pas encore résolu nos divergences de vues, mais nous nous comprenons et nous avons pu exprimer chacun notre avis. Nous ne sommes plus des ennemis. Nous avons évité une dispute. En tant qu'amis, nous allons maintenant chercher une solution pour résoudre notre désaccord.

> Dans la vie à deux, il ne s'agit jamais de «faire comme moi je pense» mais plutôt de parvenir à une pensée commune.

A travers les années, j'ai encouragé de nombreux couples à procéder de cette manière. Fondée sur la notion de respect mutuel, elle laisse l'autre totalement libre de ses opinions et de ses pensées. Elle permet de se comprendre mutuellement et de reconnaître le bien-fondé des idées de chacun. Ainsi, elle détend l'atmosphère, désamorce les conflits et aide à résoudre les divergences sur une base amicale.

Une fois que chacun a pu écouter et comprendre le point de vue de l'autre, nous pouvons chercher une solution, c'est-à-dire un «compromis», mot très important à ce stade. Ce terme a souvent une connotation négative; il nous fait penser aux compromis que nous devons veiller à ne pas faire en ce qui concerne notre foi ou nos valeurs. Cependant, dans le cadre du mariage, le compromis est une chose non seulement positive mais nécessaire. Trouver un compromis, c'est trouver un terrain d'entente. Cela implique que chacun soit prêt à renoncer à quelque chose en vue de préserver la paix et l'harmonie. Si, en revanche, chacun veut avoir raison et campe sur ses positions, on retombe dans la dispute. Dans la vie à deux, il ne s'agit jamais de «faire comme moi je pense» mais plutôt de parvenir à une pensée commune.

Trouver un compromis

Dans l'exemple cité ci-dessus, le couple s'est finalement mis d'accord pour voyager en avion plutôt qu'en voiture, ce qui leur a permis de passer trois jours chez les parents de monsieur et trois jours dans la famille de madame. Et comme ces différents déplacements coûtaient plus que ce qu'ils avaient prévu au budget, ils ont cherché ensemble une solution. En fin de compte, ils ont décidé d'annuler leurs vacances d'été aux Caraïbes et de louer plutôt quelque chose dans leur région. «Nous pourrons aller aux Caraïbes une autre fois, se sont-ils dit. Cette année, il semble que ce soit vraiment important de passer Noël avec nos familles respectives.» En s'arrangeant ainsi, ils ont pu acheter les billets d'avion. Tous deux ont accepté de renoncer partiellement à leur projet initial pour faire quelque chose qui conviendrait à l'autre. Il y a toujours une solution dans un conflit, et quand on décide de rester sur le terrain de l'amour, on finit par la trouver.

Nous venons de voir une des trois manières de résoudre un désaccord: elle consiste à trouver un compromis. Chacun renonce en partie à ce qu'il désire et chacun obtient en partie ce qu'il désire.

Dans l'exemple donné, chacun a renoncé à passer la totalité des vacances de Noël dans sa famille, mais en même temps, chacun a eu ce qu'il souhaitait: passer du temps avec sa famille.

Le fait d'échanger les points de vue pour trouver ensuite un consensus qui convienne à chacun permet de résoudre bien des conflits.

Céder

Une deuxième manière de résoudre les conflits consiste à «céder». Cela signifie qu'une fois que vous avez échangé vos pensées et exprimé chacun votre manière de ressentir les choses, l'un de vous décide que, dans une situation donnée, il vaut mieux faire ce que l'autre pense. Vous abandonnez ainsi totalement votre idée initiale et choisissez de faire ce que votre époux(se) désire, et ce dans une attitude positive. Vous prenez cette décision par amour parce que vous tenez à lui (elle) et qu'il vous semble que c'est important pour lui (elle).

> Ne pouvons-nous pas simplement accepter que, pour le moment, nous ayons un avis différent sur le sujet?

Un mari m'a dit: «J'ai accepté d'avoir un enfant lorsque ma femme m'a expliqué qu'elle arrivait à la fin de son cycle de fertilité. Quand j'ai compris ce qu'elle ressentait, je n'ai pas voulu la décevoir. Nous avions toujours dit que nous voulions des enfants, mais il me semblait que ce n'était pas le bon moment. Je préférais attendre que notre situation financière s'améliore. Mais en l'écoutant et en voyant combien c'était important pour elle, j'ai accepté, malgré mes craintes, que nous ayons un enfant à ce moment-là. Et je ne l'ai jamais regretté.» Parfois, accepter l'idée de l'autre implique un grand sacrifice. Cependant, l'amour implique toujours une part de sacrifice.

En reparler plus tard

Une troisième manière de résoudre un conflit est d'«en reparler plus tard». Elle consiste à dire: «Aujourd'hui, je ne peux pas être vraiment d'accord avec toi sur cette question, et je ne vois pas comment trouver un compromis. Est-ce que nous ne pourrions pas simplement accepter que, pour l'instant, nous ayons un avis différent sur le sujet? Nous en reparlerons dans une semaine ou dans un mois, et nous chercherons une solution. Entre-temps, nous continuerons à nous aimer, à nous apprécier et à nous soutenir mutuellement. Ce désaccord ne doit pas troubler notre vie de couple.» Voilà une manière tout à fait légitime de réagir à une divergence de vues si, sur le moment, vous ne parvenez pas à trouver véritablement une solution. Dans un mois, les choses vous paraîtront probablement différentes, ou de nouvelles possibilités vous viendront à l'esprit; alors, peut-être, vous pourrez trouver un compromis satisfaisant pour chacun.

Accepter le désaccord

Dans certains domaines, le mieux est parfois d'accepter que le désaccord subsiste. C'est la quatrième manière de gérer les différends. Je pense en particulier aux questions pour lesquelles il n'y a pas de «bonne» ou de «mauvaise» réponse (technique pour faire sortir le dentifrice du tube, façon de remplir le lave-vaisselle, goûts en matière de divertissements, etc.). En fait, on accepte alors de ne pas être d'accord sur la chose logique à faire et on met en place un système qui permet d'éviter les conflits: un jour, c'est lui qui remplit le lave-vaisselle, et il le fait comme il le souhaite; un autre jour, c'est elle, et elle le fait à sa manière. Un soir, c'est elle qui choisit le film à regarder et un autre soir, c'est lui.

◊ ◊ ◊

Nous venons de considérer quatre façons de résoudre les conflits. Et, bien sûr, le plus important est toujours de rester sur le terrain de l'amour en étant à l'écoute de l'autre et en cherchant à le (la) comprendre au lieu de prétendre que sa manière de voir les choses n'est pas logique. Si nous apprenons à partager sa pensée et à chercher des solutions pour préserver la paix, nous pourrons vivre les conflits inhérents au mariage de la bonne façon. Nous apprendrons aussi à «travailler en équipe».

Si quelqu'un m'avait expliqué tout cela avant que j'épouse Karolyn, nous aurions évité bien des disputes inutiles et stériles!

Discutez-en

Avez-vous connu des désaccords dans votre relation ces derniers mois?

Comment les avez-vous résolus?

Avez-vous des conflits non résolus en ce moment?

La prochaine fois que vous aurez une divergence de vues, essayez de vous poser cette question: «Comment pouvons-nous régler ce différend de manière à ce que chacun de nous se sente aimé et apprécié?»

Dans ce chapitre, nous avons parlé de quatre manières de résoudre les conflits:

- ◊ Trouver un compromis
- ◊ Céder
- ◊ En reparler plus tard
- ◊ Accepter le désaccord

En avez-vous utilisé une pour mettre fin à un désaccord récemment? Cela a-t-il permis à chacun de se sentir aimé et apprécié?

Est-ce que le fait de décider d'en reparler plus tard ou d'accepter de ne pas être d'accord pourrait permettre de résoudre un de vos conflits?

Comment vous en sortez-vous l'un et l'autre pour trouver un compromis en cas de divergence de vues? Y a-t-il des choses qui doivent changer pour que vous puissiez progresser dans ce domaine?

5. «Si seulement j'avais su… que savoir s'excuser est une force»

Dans un de ses derniers films, *Cent dollars pour un shérif*, John Wayne affirme que «les vrais hommes ne s'excusent pas». Mon père, en tant que fan de cet acteur, ajoutait foi à ses paroles et suivait son exemple. C'était un homme bon. Il n'était ni grossier, ni agressif, ni colérique. Mais de temps en temps, il perdait son sang-froid et parlait durement à ma mère, ainsi qu'à ma sœur et moi parfois. Je ne me souviens pas l'avoir entendu demander pardon une seule fois au cours de ses 86 années de vie. Pour ma part, j'ai simplement suivi ses traces, et c'est ainsi que John Wayne a eu un nouvel adepte.

Je n'ai pas pris sciemment la décision de ne jamais m'excuser, mais le fait est que l'idée de demander pardon ne m'est jamais venue à l'esprit. Avant le mariage, je ne pouvais pas imaginer que je ferais ou dirais un jour quelque chose à mon épouse qui nécessiterait des excuses. En effet, je l'aimais. Je voulais la rendre vraiment heureuse et j'étais sûr que c'était aussi ce qu'elle désirait pour moi. Cependant, après le mariage, j'ai découvert en moi un côté que je ne connaissais pas. Je me suis rendu compte que je trouvais stupides certaines de ses idées. Et je ne me gênais pas de le lui dire: «Karolyn, réfléchis! Ce n'est tout simplement pas logique!» Mes paroles provoquaient chez elle une vive réaction, et le ton montait rapidement entre nous.

Après de tels épisodes, nous nous enfermions dans le silence et nous ne nous adressions plus la parole pendant des heures, voire des jours. Puis, au bout d'un moment, je mettais un terme à ce silence et recommençais à parler comme si de rien n'était. Nous passions alors quelques journées ou quelques mois tranquilles avant que le ton ne monte à nouveau.

En réalité, je reproduisais simplement
le comportement de mon père;
je ne demandais jamais pardon.

Je n'en étais pas conscient, à l'époque, mais aujourd'hui, avec le recul, cela m'apparaît clairement: en réalité, je reproduisais simplement le comportement de mon père; je ne demandais jamais pardon. Et en mon for intérieur, je rejetais la faute sur ma femme. Inutile de préciser que, durant les premières années, notre vie de couple n'a pas été brillante.

Peu après notre mariage, j'ai commencé des études de théologie. Dans ce contexte, je me suis rendu compte que la Bible avait beaucoup à dire sur la confession et la repentance. La *confession* consiste à reconnaître que nous avons mal fait, et la *repentance* consiste à nous détourner sciemment du mal pour faire ce qui est juste. Ces paroles claires et courageuses de l'apôtre Jean m'ont touché:

> Si nous disons que nous n'avons pas de péché, nous nous trompons nous-mêmes et la vérité n'est pas en nous. Si nous reconnaissons nos péchés, il est fidèle et juste pour nous les pardonner et pour nous purifier de tout mal. 1 Jean 1.8-9

J'ai compris que je m'étais en effet «trompé moi-même». La preuve: j'avais rejeté la faute sur Karolyn pour mes propres accès de colère. J'ai trouvé alors un grand réconfort en confessant mes péchés à Dieu.

Pour être vraiment honnête, il m'a été beaucoup plus difficile d'arriver à reconnaître mes manquements devant Karolyn. Cependant, au cours des mois qui ont suivi, j'ai appris à m'excuser auprès de mon épouse, et je me suis rendu compte qu'elle était tout à fait prête à pardonner. Ensuite, elle aussi a appris à s'excuser et je lui ai accordé mon pardon.

Après avoir consacré ma vie à conseiller des couples, je peux affirmer avec certitude qu'il n'y a pas de mariage équilibré et sain sans excuses et sans pardon. En effet, c'est une réalité, nous sommes des êtres humains et, en tant que tels, nous faisons et disons parfois des choses qui font de la peine aux autres. Des paroles et des comportements dépourvus d'amour dressent des barrières entre les personnes. Et ces barrières ne disparaissent pas avec le temps. Elles ne tombent que si l'offenseur demande pardon et que l'offensé choisit de pardonner.

Il y a quelques années, en collaboration avec la conseillère conjugale Jennifer Thomas, j'ai fait des recherches approfondies sur «l'art de s'excuser». Nous avons posé deux questions à un échantillon de plusieurs centaines de personnes. La première: «Quand vous vous excusez, qu'avez-vous l'habitude de dire ou de faire?» La seconde: «Quand quelqu'un vous demande pardon, qu'espérez-vous qu'il vous dise ou qu'il fasse?» Nous avons ensuite classé leurs réponses selon cinq catégories, que nous avons appelées «Les cinq langages pour s'excuser». Il est ressorti clairement de cette étude que ce qui correspond à des excuses pour l'un ne correspond pas forcément à des excuses pour l'autre. Et, comme nous l'avons constaté, les couples passent souvent à côté du but dans ce domaine. Lui dit: «Je suis désolé.» Elle pense: *Je m'en doute. Mais tu n'as pas autre chose à me dire?* Elle attend des excuses; lui pense qu'il s'est déjà excusé.

Là encore, nous apprenons généralement le langage de nos parents. Le petit Jonathan pousse sa sœur Julia dans les escaliers. Sa mère le reprend: «Jonathan, ne pousse pas ta sœur! Dis-lui que tu es désolé!» Il obéit et dit à Julia: «Je suis désolé.» Lorsque, à l'âge de 32 ans, il aura fait de la peine à sa femme, il répétera probablement ces mêmes mots: «Je suis désolé.» Il fera ce que sa mère lui aura enseigné et ne comprendra pas que son épouse ne lui pardonne pas volontiers. Mais celle-ci aura été éduquée différemment; sa mère lui aura appris à dire: «J'ai mal agi, je te demande pardon.» Voilà donc ce qu'elle attendra de son mari. Pour elle, «je suis désolé» ne sera pas synonyme de «pardonne-moi».

Cinq langages pour s'excuser

Voici un résumé des «cinq langages pour s'excuser» que nous avons découverts au cours de nos recherches.[1]

1. Exprimer des regrets

Le premier langage d'excuse est l'expression des regrets. La plupart du temps, la personne qui l'utilise commence par ces mots: «Je suis désolé(e).» Mais il est important de préciser la raison de nos regrets. En effet, cette formulation employée seule est bien trop générale. Par exemple, nous pourrions dire: «Je suis désolé d'être rentré avec une heure de retard. Je sais que tu m'attendais pour aller au cinéma. Je me rends compte qu'on est vraiment en retard, et j'imagine que tu n'as plus très envie d'y aller maintenant. Je m'en

1 Voir: Gary Chapman & Jennifer Thomas, *Les langages de la réconciliation. Apprendre à présenter ses excuses et à décoder celles des autres*, Editions Farel, 2008.

veux vraiment d'avoir oublié l'heure. Je me suis laissé prendre par le travail au bureau. C'est complètement de ma faute. J'ai l'impression de t'avoir laissé tomber un bon moment…»

Si nous avons perdu notre sang-froid et parlé durement, nous pourrions dire: «Je suis désolé de m'être mis en colère et d'avoir crié. Je sais que j'ai prononcé des paroles vraiment blessantes et que je t'ai fait mal. Un mari ne devrait pas parler ainsi à sa femme. J'ai l'impression de t'avoir rabaissée. Je n'ai pas de peine à imaginer comment je me serais senti si tu m'avais parlé de la même manière. Je regrette vraiment de t'avoir blessée.»

Ce langage d'excuse est un langage basé sur les sentiments. En l'utilisant, nous cherchons à montrer à l'autre que nous sommes triste de l'avoir offensé(e), que ce soit par nos paroles ou par notre comportement. Si c'est là son langage, il (elle) veut savoir si nous comprenons à quel point notre attitude l'a fait souffrir. Et tout autre langage que nous pourrons employer lui paraîtra vide de sens.

2. Reconnaître notre responsabilité

Reconnaître notre responsabilité: ce langage d'excuse commence par les mots «J'ai eu tort», puis il explique en quoi a consisté le tort. Par exemple: «J'ai eu tort de ne pas m'organiser pour pouvoir rentrer plus tôt. Je savais qu'on avait prévu de sortir ce soir, mais je n'ai pas bien réfléchi à l'heure à laquelle il m'aurait fallu être à la maison pour qu'on puisse partir à temps. C'est de ma faute. Je suis le seul responsable.»

La personne qui a parlé durement pourrait s'excuser ainsi: «Je n'aurais pas dû te parler comme ça. Je n'aurais pas dû élever la voix et être dur avec toi. Ce n'était pas de l'amour. Je n'aurais pas dû me mettre en colère. Tu n'y es pour rien. Je reconnais ma responsabilité et je sais que j'ai mal agi.»

La personne dont la reconnaissance de responsabilité est le langage d'excuse fondamental attend que nous admettions avoir mal agi. Pour elle, le fait de dire: «Je suis désolé» n'équivaudra jamais à une réelle demande de pardon. Ce qui lui importe, c'est que nous acceptions de porter la responsabilité pour ce que nous avons fait ou dit et que nous reconnaissions nos torts.

3. Réparer

Réparer: ce langage d'excuse cherche à «arranger les choses». Par exemple, un mari qui a oublié la date d'anniversaire de mariage de son couple dit à sa femme: «Je sais que j'ai tout raté. Je ne peux pas croire que j'ai réussi à oublier notre anniversaire de mariage… Quel mari suis-je? Je sais que je ne peux pas revenir en arrière, mais j'aimerais avoir la possibilité de me rattraper. Je veux que tu y réfléchisses et que tu me dises ce que je pourrais faire pour réparer cet oubli. On pourrait aller quelque part ou faire quelque chose ensemble. Tu mérites le meilleur et je veux te le donner.» Si c'est là le langage d'excuse principal de son épouse, elle sera touchée et aura très certainement une idée de ce qu'il peut faire pour réparer le «tort commis».

En réalité, la personne sensible à ce langage se pose une question essentielle: notre comportement lui paraît tellement indifférent qu'elle se demande comment nous avons pu faire une chose pareille si vraiment nous l'aimons encore. Ainsi, la réparation attendue pourrait être en relation avec son langage d'amour. Si celui-ci est le *contact physique*, elle dira peut-être simplement: «Peux-tu me prendre dans tes bras?» Si son langage est celui des *cadeaux*, elle nous demandera de lui offrir quelque chose qui lui fait envie, ce qui, pour elle, exprimera réellement notre amour. Si son langage est celui des *services rendus*, elle dira peut-être: «Ce qui me ferait vraiment le plus plaisir, si tu veux réparer ton oubli, c'est que tu ranges le garage.» Si elle est sensible aux *moments de qualité*, elle nous demandera peut-être de l'emmener en week-end. Enfin, si son langage est celui des *paroles valorisantes*, elle nous demandera de lui dire que nous l'aimons. Elle dira peut-être: «Pourrais-tu m'écrire une lettre d'amour et me dire pourquoi tu m'aimes?» Pour ce genre de personnes, les paroles parlent plus fort que les actes.

Les couples qui apprennent à s'excuser d'une manière qui parle au cœur de l'autre facilitent grandement le processus de pardon.

4. Exprimer un réel désir de changement

Exprimer un réel désir de changement: ce langage d'excuse implique l'élaboration d'un plan visant à empêcher le mauvais comportement de se reproduire. Un mari qui s'était «à nouveau mis en colère» a dit à sa femme: «Je n'aime pas réagir comme ça. Ce n'est pas bien. Je sais que c'est déjà arrivé la semaine dernière. Il faut que ça cesse. Tu mérites mieux. Pourrais-tu m'aider à trouver un moyen pour que ça ne recommence pas?» Son désir de changement montrait à sa femme que sa demande de pardon était sincère.

Finalement, ce couple a décidé que, lorsqu'il sentirait la colère «monter», il lui dirait: «Chérie, il faut que j'aille faire un tour. Je serai bientôt de retour.» Et ce plan a bien fonctionné. Il partait prendre l'air et se calmait. Puis, lorsqu'il rentrait, 30 minutes plus tard, il disait à son épouse: «Je t'aime si fort, et je suis reconnaissant pour ces moments de promenade. Je ne veux plus jamais me mettre en colère contre toi. Merci beaucoup de m'aider à vaincre ce problème.»

Pour certaines personnes, des excuses qui ne comportent pas un désir de changer d'attitude ne sont pas réellement des excuses. Quoi que nous puissions dire d'autre, elles douteront de notre sincérité. Pour elles, si nous nous excusons réellement, nous chercherons à changer.

5. Demander pardon

«Peux-tu me pardonner?» Ces mots sont comme une douce musique pour la personne dont le langage d'excuse fondamental est la «demande de pardon». Selon sa compréhension des choses, ils sont une preuve de notre sincérité. En effet, pour elle, s'excuser, c'est demander pardon. Nous lui avons fait mal et elle veut savoir si nous voulons la réconciliation, si nous sommes prêts à faire tomber la barrière que notre comportement a placée entre elle et nous. Notre demande la touche.

◊ ◊ ◊

Comme nous l'avons constaté au cours de nos recherches, les couples qui apprennent à s'excuser d'une manière qui parle au cœur de l'autre facilitent grandement le processus de pardon. Généralement, la personne à laquelle nous avons fait de la peine veut savoir si nous sommes réellement sincères. Cependant, elle juge de notre sincérité sur la base de *son* langage d'excuse. Nous devons donc chercher à apprendre le langage qu'elle comprend le mieux.

Carl apprend à dire: «Je suis désolé»

Apprendre à s'excuser n'est pas forcément facile. Certains d'entre vous se reconnaîtront peut-être dans l'histoire suivante, tirée de notre livre *Les langages de la réconciliation*[1]:

> Carl songeait au mariage; il est donc venu à l'une de nos conférences avec sa petite amie Mélinda. Après qu'ils eurent tous deux rempli un questionnaire sur les excuses, celle-ci lui dit que les paroles qu'elle souhaitait le plus entendre étaient: «Je suis désolé.»
>
> Plus tard au cours de ce séminaire, Carl s'est approché de moi:
>
> – Pour être honnête, m'a-t-il dit, je ne sais pas si j'ai déjà prononcé ces paroles. Je trouve que c'est un truc de fille. On m'a toujours dit qu'un vrai homme ne s'excuse pas. Je suppose que c'est plutôt macho. Je ne suis pas sûr d'être capable de dire cette phrase; d'ailleurs, ça a l'air d'ennuyer Mélinda. On n'aurait peut-être pas dû remplir le questionnaire! conclut-il en plaisantant.
>
> – C'est peut-être une très bonne chose au contraire! ai-je répondu en riant. Permettez-moi de vous poser une question: Avez-vous déjà fait dans votre vie quelque chose que vous avez vraiment regretté? Si oui, vous êtes-vous dit ensuite: «J'aimerais n'avoir jamais agi de la sorte.»
>
> Il hocha la tête et dit:
>
> – Oui. Je me suis saoulé la nuit qui a précédé l'enterrement de ma mère. Le lendemain matin, j'avais une gueule de bois terrible. Je ne me souviens pas vraiment de la cérémonie.

1 pp. 129-132.

– Comment vous êtes-vous senti après? lui ai-je demandé.
– Très mal. J'ai vraiment eu le sentiment d'avoir déshonoré ma mère. Sa mort m'avait durement éprouvé. Nous avions toujours été proches et je pouvais discuter avec elle. Je pense que j'essayais seulement de noyer mon chagrin, mais là c'était trop. Je sais qu'elle en aurait été attristée. Elle me parlait souvent des méfaits de l'alcool. (…)
– Supposons un instant que votre mère vous ait vu et que votre conduite l'ait réellement déçue. Vous auriez maintenant l'occasion de lui parler. Que lui diriez-vous?
Les yeux de Carl se voilèrent de larmes, puis il dit:
– Je lui dirais que je suis vraiment désolé de l'avoir déçue. Je sais que ça n'était pas le moment de boire. J'aimerais pouvoir remonter le temps et revivre cette soirée. Je ne serais pas allé dans ce bar. (…)
J'ai entouré de mon bras les épaules de Carl et je lui ai dit:
– Savez-vous ce que vous venez de faire?
– Oui, répondit-il en hochant la tête. Je viens de présenter mes excuses (…). Zut, je ne voulais pas pleurer, dit-il en essuyant les larmes qui inondaient son visage.
– Voilà un autre point, dis-je. On vous a enseigné qu'un vrai homme ne pleurait pas, n'est-ce pas?
– Oui.
– Vous avez reçu pas mal de fausses informations au fil des ans, Carl, ai-je lancé.

Nous ne vivons pas dans un monde peuplé de mannequins en plastique, où la virilité se mesurerait à l'absence d'émotion. La vérité, c'est que les vrais hommes pleurent et qu'ils s'excusent. Ils disent même: «Je suis désolé» quand ils se rendent compte qu'ils ont blessé un être aimé. Vous êtes un vrai homme, Carl. Vous l'avez prouvé aujourd'hui. Ne l'oubliez jamais. Si vous épousez Mélinda, vous ne serez pas un mari parfait et elle ne sera pas une épouse parfaite. Il n'est pas nécessaire d'être parfaits pour former un couple heureux. Mais il est nécessaire de s'excuser quand on agit d'une manière qui blesse l'autre. Et si la phrase: «Je suis désolé» correspond au principal langage d'excuse de Mélinda, il faudra que vous appreniez à la prononcer.

– J'ai compris! dit Carl en souriant. Je suis content que nous ayons assisté à cette conférence.

– Et moi aussi, ai-je dit tandis qu'il s'éloignait.

Un an plus tard, je dirigeais un séminaire dans la même région. Tôt le samedi matin, avant que les premiers participants soient arrivés, j'ai vu entrer Carl et Mélinda:

– Nous sommes venus de bonne heure dans l'espoir de vous parler, m'a dit le jeune homme. Nous voulions juste vous faire savoir combien votre conférence de l'an dernier a compté pour nous. Cela a marqué un tournant dans notre relation. Nous nous sommes mariés trois mois après et les choses que nous avons apprises ce jour-là continuent de nous être utiles.

– Je ne suis pas sûre que nous serions encore mariés, ajouta Mélinda, si nous n'avions pas assisté à la conférence. Je n'imaginais pas que la première année de mariage serait aussi difficile.

– Dites-moi, est-ce que Carl sait comment il doit s'excuser? lui ai-je demandé.

– Oh oui! Nous sommes tous les deux très compétents en la matière, répondit-elle en souriant. Et ce jour-là, nous avons appris aussi à parler le langage affectif de l'autre. Ces deux éléments nous ont aidés à survivre.

– Ça n'a pas été facile pour moi, dit alors Carl. Mais j'ai (…) compris combien il était important d'assumer sa conduite.

– Quel est votre langage d'amour? ai-je demandé à Mélinda.

– Les *services rendus*, me répondit-elle, et Carl se «spécialise» dans ce domaine. Il lave et plie même les serviettes de toilette.

Carl secoua la tête et dit:

– Je n'avais jamais imaginé que je ferais ça un jour. Cependant, je dois admettre que faire la lessive est nettement plus facile que dire: «Je suis désolé.» Mais j'ai appris à pratiquer les deux. Je veux que notre mariage soit une réussite. Mes parents n'ont pas réussi le leur, et ceux de Mélinda non plus. Nous voulons vieillir ensemble. C'est la raison pour laquelle nous sommes ici aujourd'hui pour un cours complémentaire.

Nous espérons apprendre de nouvelles choses.

– Vous êtes un vrai homme, ai-je dit à Carl en lui donnant une tape dans le dos.

Quand je repense à ma propre vie de couple, je me dis que j'aurais aimé apprendre plus tôt non seulement combien il est important de s'excuser, mais aussi comment on peut s'excuser efficacement. Cela m'aurait épargné des journées de souffrance silencieuse, passées à attendre en vain que Karolyn oublie mes paroles blessantes.

Discutez-en

Vous est-il arrivé récemment de demander pardon à celui (celle) que vous aimez? Que lui avez-vous dit?

Celui (celle) que vous aimez vous a-t-il (elle) demandé pardon récemment? Ses excuses vous ont-elles semblé sincères? Lui avez-vous pardonné? Pourquoi ou pourquoi pas?

Comment, selon chacun de vous, doit s'exprimer une excuse sincère?

Devriez-vous demander pardon pour quelque chose à celui (celle) que vous aimez? Pourquoi ne le feriez-vous pas aujourd'hui?

6. «Si seulement j'avais su… que le pardon n'est pas un sentiment»

Le pardon est la seule réponse que nous devrions avoir quand quelqu'un nous présente ses excuses. Mais qu'est-ce que le pardon? Avant de me marier, je pensais que pardonner consistait à «relâcher» la blessure, de manière à ce que la relation soit rétablie. Cela me semblait plutôt facile. Une fois, je me souviens, alors que nous avions prévu de passer la journée ensemble, Karolyn m'a appelé pour annuler en me disant qu'elle devait finalement aller faire les magasins avec une amie. J'étais anéanti et en colère. Comment pouvait-elle penser que faire du lèche-vitrines avec une copine était plus important que de passer du temps avec moi?

J'ai ressenti la douleur de la blessure pendant deux jours, jusqu'à notre prochain rendez-vous. Ce soir-là, elle s'est très vite rendu compte que quelque chose clochait: «Il y a quelque chose qui ne va pas?» m'a-t-elle demandé. J'ai alors déversé mon flot d'émotions et je lui ai «tout dit». Je lui ai expliqué combien j'étais déçu qu'elle préfère faire du shopping avec une amie plutôt que d'être avec moi.

Après que je lui ai ouvert mon cœur, elle m'a répondu avec beaucoup de douceur: «Je suis désolée. J'aurais dû te donner plus d'explications. Ce n'était pas du tout que je n'avais pas envie d'être avec toi, mais mon amie, qui n'avait pas d'autre jour libre, m'a demandé de l'aider à choisir un cadeau d'anniversaire pour sa mère. Je savais que, toi et moi, on pourrait trouver un autre moment pour faire quelque chose ensemble. Je ne voulais pas te faire de la peine. Je préfère passer tout mon temps avec toi que faire les magasins. J'espère que tu me pardonneras.» Comme une feuille d'essuie-tout qui absorbe des gouttes d'eau sur une table, ses explications et ses excuses ont effacé ma blessure. J'ai alors retrouvé tout mon amour pour elle. C'était une histoire classée. Notre relation a été restaurée et je n'y ai plus jamais pensé. Pour moi, pardonner, c'était cela.

Cependant, après le mariage, les choses sont devenues nettement plus difficiles. Un soir, alors que nous étions mari et femme depuis environ six semaines seulement, nous nous sommes fortement disputés. Soudain, en pleine discussion houleuse, Karolyn s'est dirigée vers l'armoire de l'entrée, a pris son imper et est sortie sous la pluie en claquant la porte. J'ai tout d'abord pensé: *Pourquoi ne reste-t-elle pas et n'a-t-elle pas le courage d'aller jusqu'au bout de la discussion?* Mais ensuite, une deuxième pensée m'est venue à l'esprit: *Oh, non… et si elle ne revenait pas?* Je me suis mis à pleurer en me demandant: *Comment avons-nous pu en arriver là si vite dans notre couple?* J'ai allumé la télévision et essayé d'oublier tout cela, mais c'était impossible.

Après ce qui m'a semblé une éternité, j'ai entendu la porte s'ouvrir. Je me suis retourné et je l'ai vue rentrer en pleurs. «Je suis désolée d'être partie, a-t-elle dit, mais je ne pouvais plus rester. Je déteste les disputes. Quand tu as crié comme ça après moi, j'ai su que je devais sortir, sans quoi les choses n'auraient fait qu'empirer.» Je me suis alors excusé d'avoir élevé la voix, mais en mon for intérieur, je pensais que tout était de sa faute. Nous nous sommes couchés dos à dos ce soir-là.

Le lendemain, après un temps de réflexion, je lui ai demandé pardon plus dignement et elle s'est excusée aussi. Nous avons tous deux dit: «Je te pardonne.» Cependant, la blessure n'a pas disparu, et la flamme de l'amour n'était plus ce qu'elle avait été. Au cours des semaines qui ont suivi, j'ai revécu régulièrement l'épisode. Je ne parvenais pas à oublier l'instant où elle était partie; je me l'imaginais marchant seule sous la pluie et j'entendais encore le bruit qu'avait fait la porte en claquant. Et chaque fois que la scène me revenait en mémoire, je ressentais la même douleur.

Dieu, dans sa Parole, nous exhorte à nous pardonner les uns aux autres de même qu'il nous a pardonné et nous pardonne encore.

J'étais jeune diplômé de l'université, mais je n'avais jamais eu de cours sur le pardon ni entendu parler d'un livre sur le sujet. Cependant, je savais une chose: nos déclarations de pardon mutuelles n'avaient pas permis de raviver la flamme de notre amour.

Aujourd'hui, les années ont passé, et j'ai beaucoup appris sur le pardon. Dans ce chapitre, j'aimerais partager avec vous ce que j'ai découvert. Commençons par le… commencement.

Ce qu'est le pardon et ce qu'il n'est pas

Le pardon présuppose qu'un tort a été commis. Les contrariétés ou les petites choses agaçantes ne nécessitent pas une demande de pardon. Il faut simplement en parler. Cependant, si l'un des époux parle durement à l'autre ou se comporte mal à son égard, des excuses et le pardon sont nécessaires si l'on veut que la relation soit restaurée. Certains torts sont mineurs, d'autres sont plus importants, mais le processus est toujours le même: lorsque, dans un couple, l'un blesse l'autre, une barrière se dresse entre les deux et l'amour est entravé.

Cette barrière n'est pas ôtée par le temps qui passe mais par des excuses sincères et un pardon véritable. Au chapitre précédent, nous avons parlé des différentes manières de demander pardon; dans ce chapitre, nous allons voir ce que cela implique.

Dans l'Ecriture, le mot français «pardon» correspond à trois termes hébreux et quatre mots grecs différents. Ils sont synonymes tout en exprimant certaines nuances. Les sens les plus courants sont «pardonner», «remettre une dette», «détacher», «envoyer au loin». En ce qui concerne le pardon que Dieu nous accorde, la Bible dit: «Autant l'orient est éloigné de l'occident, autant il [Dieu] éloigne de nous nos transgressions» (Psaume 103.12). Son pardon ôte la barrière entre lui et nous et lève la condamnation qui pesait sur nous. Nous n'avons plus à payer pour nos péchés, car il ne l'exige plus. Lorsque nous lui demandons pardon sincèrement, il nous pardonne et ne nous reprochera jamais plus cette faute.

Dieu, dans sa Parole, nous exhorte à nous pardonner les uns aux autres de même qu'il nous a pardonné et nous pardonne encore (cf. Matthieu 6.14-15; Ephésiens 4.32). Ainsi, le pardon n'est pas un sentiment, mais une *décision*. C'est la décision de faire grâce au lieu de réclamer justice. Le pardon ôte la barrière entre les personnes et permet à la relation de se développer à nouveau.

Peut-être comprendrons-nous mieux le pardon en précisant ce qu'il ne fait pas.

1. Le pardon ne détruit pas les souvenirs

Il m'arrive parfois d'entendre: «Si on n'a pas oublié, c'est qu'on n'a pas pardonné.» Mais cette affirmation est fausse. Notre cerveau enregistre tout ce que nous vivons, qu'il s'agisse de bonnes ou de mauvaises expériences, de choses agréables ou désagréables. Selon ce qu'expliquent les psychologues, notre psychisme se compose de deux domaines: le conscient et l'inconscient. Le conscient permet d'appréhender les phénomènes que nous percevons sur le moment. Par exemple, je suis tout à fait conscient d'être assis sur une chaise en cet instant. Si je voulais, je pourrais vous décrire la vue que j'ai depuis cet endroit et les bruits que j'entends autour de moi. Nos expériences passées, quant à elles, sont stockées dans l'inconscient.

La réapparition du souvenir ne signifie pas
que je n'ai pas pardonné.

Certaines informations passent librement de l'inconscient au conscient. Mais nous pouvons aussi choisir délibérément de ramener nous-mêmes certaines choses dans le domaine du conscient. Par exemple, si vous me demandiez maintenant: «Qu'avez-vous mangé au petit-déjeuner ce matin?» je pourrais sonder mon inconscient et vous répondre: «Des céréales aux myrtilles.» Je ne pensais plus à mon petit-déjeuner, mais avec un effort de ma volonté, je suis en mesure de retrouver l'information.

D'autres expériences, qui sont profondément enfouies dans notre inconscient, sont plus difficiles à retrouver, même avec des efforts. Et, à l'inverse, il y a aussi des souvenirs qui ressurgissent de notre inconscient sans crier gare. C'est d'ailleurs souvent le cas des expériences douloureuses. Même lorsque nous avons choisi de pardonner à la personne qui nous a blessés et d'ôter la barrière du ressentiment, le souvenir de l'événement peut nous revenir à l'esprit puis raviver en nous la blessure et, peut-être même, la colère. Mais le fait que le souvenir réapparaisse ne signifie pas que je n'ai pas pardonné. Cela signifie simplement que je suis un être humain et que je me rappelle une expérience pénible.

Comment réagir face à ces souvenirs douloureux? Je vous encourage à les apporter à Dieu et à lui dire: *Père, tu sais ce qui me revient à l'esprit en ce moment et tu connais les sentiments que cela provoque en moi. Mais je te remercie de ce que tout cela a pu être pardonné. Montre-moi, je te prie, ce que je pourrais faire aujourd'hui pour que ma relation avec mon époux(se) s'approfondisse.* En priant ainsi, vous confirmez votre décision de pardonner, vous manifestez le désir de voir votre amour mutuel grandir et vous montrez que vous êtes prêt(e) à faire votre possible pour cela.

2. Le pardon n'efface pas toutes les conséquences du tort commis

Voici quelques exemples: une mère a mis de l'argent de côté en prévision d'une intervention chirurgicale qu'elle doit subir. Son fils le lui vole et le dépense pour acheter de la drogue. S'il lui demande pardon sincèrement, elle pourra lui pardonner, mais l'argent ne reviendra pas. Un père abandonne sa femme et ses enfants. Vingt ans plus tard, il revient pour leur demander pardon.

Ils pourront lui pardonner, mais cela ne remplacera pas toutes les années perdues. Un mari en colère frappe sa femme et lui casse la mâchoire. Il peut lui demander pardon et elle peut lui pardonner, mais le préjudice physique n'en reste pas moins bien réel.

Nos actes et nos paroles ont des conséquences. Un comportement positif engendre des conséquences positives; un mauvais comportement a des conséquences négatives. Et celles-ci ne disparaissent pas complètement, même si le pardon est accordé.

3. Le pardon ne restaure pas automatiquement la confiance

Un mari avait demandé pardon à sa femme après lui avoir été infidèle. Lors d'un entretien, cette dernière m'a dit: «Je pense que je lui ai pardonné, mais je ne lui fais pas confiance. Je me pose donc la question de savoir si je lui ai réellement pardonné.» Le fait est que le pardon ne restaure pas automatiquement la confiance qui a été brisée. En effet, la confiance, c'est quelque chose d'instinctif: vous savez au plus profond de vous-même que l'autre est intègre et que vous pouvez compter sur lui.

Lorsque, dans une relation, il y a infidélité, la confiance est détruite. C'est comme si l'offensé disait: «Si tu ne respectes pas ton engagement envers moi, je ne te fais plus confiance. Je ne crois plus que tu pourras agir à mon égard avec respect et honnêteté.» Comment, alors, la confiance peut-elle être retrouvée? Elle peut être rétablie si celui qui a mal agi change de comportement et se montre à nouveau digne de confiance. Dans ce cas, la personne blessée dira peut-être: «Si, durant les mois à venir, je vois que tu fais vraiment ce que tu dis et que tu es ouvert et franc avec moi dans tous les domaines, je te ferai à nouveau confiance.»

Quand je conseille un couple qui cherche à reconstruire sa relation conjugale suite à une infidélité, je recommande à celui qui a trompé l'autre de lui demander sincèrement pardon (c'est la première chose), puis de lui permettre d'avoir un droit de regard sur toute sa vie. Cela signifie qu'il (elle) l'autorise à consulter son carnet de chèques, son ordinateur, son téléphone portable et tout autre moyen de communication dont il (elle) dispose. En permettant ceci, la personne qui a été infidèle dit: «Je n'ai rien à cacher; j'ai vraiment changé de comportement et je veux être à nouveau digne de ta confiance.» Cette attitude de transparence et d'honnêteté permettra de rétablir la confiance. Et le premier pas vers la confiance retrouvée, c'est le pardon.

4. Le pardon ne produit pas toujours la réconciliation

Le verbe «réconcilier» signifie «ramener des personnes à la bonne entente». Pour parvenir à la réconciliation, il faut analyser les divergences de vues, trouver de nouvelles façons d'agir, régler les conflits du passé et apprendre à collaborer dans un esprit d'équipe. Combien de temps faut-il pour se réconcilier? Cela dépend depuis combien de temps l'entente est brisée. Certains ont besoin de quelques heures, d'autres de quelques mois. Parfois, aussi, les couples cherchent de l'aide auprès d'un conseiller professionnel parce qu'ils ne savent pas comment s'y prendre pour reconstruire la relation. Ainsi, nous voyons que le pardon ne produit pas forcément l'harmonie. Cependant, il est le premier pas vers la réconciliation.

Comme nous l'avons vu au début de ce chapitre, le pardon est la seule réponse que nous devrions avoir quand quelqu'un nous présente ses excuses. Si nous choisissons de ne pas pardonner, alors la barrière demeurera et la relation restera brouillée. Le temps ne suffira pas pour arranger les choses. Pour parvenir à la guérison, pour que la relation soit rétablie, il faut décider d'accorder le pardon. Et le pardon permet de grandir.

Nous ne pouvons pas obliger celui (celle) qui nous a fait du tort à s'excuser, mais nous pouvons lui tendre la main et lui montrer notre volonté de pardonner.

◊ ◊ ◊

J'aimerais conclure ce chapitre avec une question: Que faire si la personne qui vous a blessé(e) ne s'excuse pas? Le mieux est de lui expliquer avec amour quel tort elle vous a causé, en espérant qu'elle vous présentera ses excuses et que vous pourrez lui pardonner. Si votre première tentative se solde par un échec, je vous suggère d'essayer une seconde, puis une troisième fois. En s'excusant, l'offenseur montre que la relation compte pour lui (elle) et qu'il (elle) veut prendre le problème au sérieux. A l'inverse, celui qui refuse de demander pardon laisse entendre qu'il n'attache pas d'importance à la relation et que cela ne lui pose pas de problème que la rupture subsiste.

Nous ne pouvons pas obliger celui (celle) qui nous a fait du tort à s'excuser, mais nous pouvons lui tendre la main et lui montrer notre volonté de pardonner. Si, en fin de compte, il (elle) ne désire pas la réconciliation, nous devons l'abandonner à Dieu, de même que notre blessure et notre ressentiment. Ne laissons pas son refus de voir le problème en face nous gâcher la vie. Il faut être deux pour construire une relation sur des bases solides et saines.

Si j'avais su tout ce dont nous venons de parler avant de me marier, j'aurais pu bien mieux pardonner et mieux gérer mes émotions. Cela m'aurait aussi permis de comprendre ceci: le pardon n'élimine pas toute la souffrance et il ne restaure pas automatiquement la relation sur le plan affectif; en revanche, c'est le premier pas vers la guérison de la blessure et vers le retour à une relation fondée sur l'amour. Il n'y a pas de vie de couple digne de ce nom sans excuses sincères et sans véritable pardon. Si vous pouvez apprendre à vous excuser et à pardonner, vous disposerez de deux éléments essentiels à la construction d'un mariage heureux.

Discutez-en

Devriez-vous expliquer à quelqu'un, avec amour, le tort qu'il vous a fait? Y a-t-il quelque chose qui vous empêche de le faire? Si oui, de quoi s'agit-il?

Y a-t-il quelqu'un à qui vous n'avez pas encore pardonné? Qu'est-ce qui vous empêche de le faire?

Y a-t-il une barrière entre vous et celui (celle) que vous aimez? Que pourriez-vous entreprendre pour que cette barrière tombe?

Quand quelqu'un vous présente ses excuses, vous est-il facile de lui pardonner? Pourquoi ou pourquoi pas?

7. «Si seulement j'avais su… que les toilettes ne se nettoient pas toutes seules»

Quand j'habitais encore chez mes parents, les toilettes étaient toujours propres, mais alors, il ne m'est jamais venu à l'esprit que quelqu'un les nettoyait. Aujourd'hui encore, je ne sais pas si c'était ma mère ou mon père qui s'en chargeait. En fait, je n'ai jamais vu personne nettoyer les toilettes. Deux semaines après notre mariage, je me suis inscrit en troisième cycle à l'université et nous nous sommes installés dans un appartement pour étudiants. Il était petit, mais joli et tout propre. Trois semaines après notre emménagement, j'ai remarqué de petites taches foncées dans la cuvette des W.-C. (Entre-temps, je savais qu'il fallait les nettoyer!) J'en ai donc fait mention à Karolyn, qui m'a répondu:

– Oui, je sais. Je me demandais quand tu allais les nettoyer…

– Les nettoyer? Je pensais que c'était toi qui le ferais… Je ne sais pas comment on nettoie des toilettes!

– Eh bien, je vais t'apprendre.

– Est-ce qu'on ne pourrait pas installer un système de nettoyage automatique qui se déclencherait au moment où on tire la chasse?

– Ces trucs-là ne fonctionnent pas. C'est de l'argent gaspillé, a-t-elle dit.

Je n'aurais jamais imaginé, avant de me marier, que je nettoierais un jour les toilettes. En fait, je suis devenu si expert en la matière qu'au deuxième semestre, j'ai trouvé un travail à temps partiel comme agent de service au sein d'une société spécialisée dans le domaine. Je passais d'une entreprise à l'autre et nettoyais… les W.-C. Et une fois que j'avais suivi une petite formation, entretenir les sanitaires de notre modeste logement n'était plus qu'un jeu d'enfant.

Nous devons être conscients que nous avons tous grandi dans un contexte différent.

J'aimerais vous poser une question personnelle: le jour où vous serez mariés, lequel d'entre vous deux nettoiera les toilettes?

Dans le cadre des entretiens de préparation au mariage que j'ai avec différents couples, j'ai constaté que la plupart des hommes pensent que ce sera leur femme, tandis que la plupart des femmes pensent que ce sera leur mari. Le plus souvent, ils ne se posent même pas la question, et trois semaines après le mariage, ils découvrent eux aussi que les toilettes ne se nettoient pas toutes seules.

Qui fait quoi?

Si je pose cette question, ce n'est pas parce que je m'inquiète réellement de savoir qui nettoiera les toilettes, mais c'est parce que je n'aimerais pas que vous commenciez votre vie à deux sans avoir discuté à l'avance de *qui fera quoi*. C'est ce que les sociologues appellent les «rôles conjugaux». Le manque de clarté quant à la répartition de ces rôles représente un gros problème au sein des mariages d'aujourd'hui. Autrefois, lorsque le mari pourvoyait aux besoins de la famille et que l'épouse était femme au foyer, il y avait peu de confusion possible. De nos jours, cependant, comme la plupart des jeunes épouses travaillent, elles s'attendent à ce que leur époux participe activement aux tâches ménagères. Si vous ne discutez pas de qui fera quoi et que vous ne vous mettez pas d'accord à l'avance, cela deviendra une source importante de conflit dans les premiers mois de votre vie à deux.

Il y a plusieurs éléments dont il faut tenir compte, lorsqu'on aborde cette question.

1. L'arrière-plan familial de chacun

Tout d'abord, nous devons être conscients que nous avons tous grandi dans un contexte différent. Une jeune femme a dit: «Mon père passait toujours l'aspirateur le samedi matin avant de laver la voiture. Mais mon mari s'attend à ce que ce soit moi qui passe l'aspirateur. Il pense aussi que je devrais amener la voiture à une station de lavage automatique. Dire que j'ai épousé un homme si paresseux!» Son mari a rétorqué: «Chez nous, c'est ma mère qui passait l'aspirateur. Je n'ai jamais pensé que ma femme s'attendrait à ce que ce soit moi qui le fasse. Et pour la voiture, c'est une question d'efficacité. Pourquoi est-ce que je devrais perdre deux heures à la laver moi-même tous les samedis, si je peux profiter d'un lavage en 3 minutes pour 3 dollars? Dans ma famille, on n'a jamais lavé une voiture. Tous les trois mois, on faisait un lavage complet pour 12 dollars. Je ne comprends pas pourquoi c'est un tel problème pour elle.»

Cela posait problème à sa femme parce que, pour elle, il ne se comportait pas en homme responsable. Et les attentes qu'elle avait à son égard n'avaient pas de sens pour lui, parce que ses parents ne lui avaient pas donné le même exemple.

Lors de mes entretiens de préparation au mariage, je propose souvent l'exercice suivant: je demande à la jeune femme de faire une liste de toutes les choses que son père fait à la maison et de toutes les responsabilités que sa mère assume. Puis, j'invite le jeune homme à faire de même. Une fois qu'ils ont terminé, nous comparons les deux listes pour voir quelles sont les différences et les ressemblances entre leur modèle parental à chacun. Ensuite, je les encourage à discuter en détail de ce qu'ils aimeraient imiter ou changer quand ils seront mariés. Le fait d'ignorer ou de nier l'influence de l'exemple que nous ont donné nos parents sur les attentes que nous avons quant au mariage est un signe d'immaturité. Si l'un et l'autre sont matures, ils partageront ouvertement et franchement les attentes qu'ils ont chacun de leur côté et, en cas d'avis divergents, ils trouveront un moyen de se mettre d'accord sur la répartition des rôles conjugaux.

2. Des conceptions différentes

Ensuite, il est un autre facteur qui détermine notre perception des rôles conjugaux: c'est la conception que nous avons chacun de la masculinité et de la féminité. Cette perception nous conduit à définir le rôle de l'homme et le rôle de la femme dans un couple. Et elle est fortement influencée par le contexte dans lequel nous avons fait nos études. Si, par exemple, les professeurs qu'une jeune femme a eus à l'université étaient de tendance féministe, elle aura probablement un avis très tranché sur la question des tâches qui incombent ou non à une épouse. A l'inverse, si elle a fait ses études dans une université chrétienne conservatrice, elle aura probablement des opinions très différentes sur le sujet. De même, l'arrière-plan familial et les convictions religieuses d'un jeune homme auront une grande influence sur sa conception des rôles conjugaux.

Ce sont là des réalités qu'il serait insensé d'ignorer. Il serait aussi très risqué de penser que l'amour gommera toutes les divergences de vues dans ce domaine. En effet, si vous ne pouvez pas les régler avant le mariage, elles entraveront grandement l'unité de votre couple.

Si lui n'ose pas dire à ses amis qu'il fait la vaisselle, tandis qu'elle pense que le fait d'accomplir cette tâche domestique est un signe de masculinité, ce point deviendra rapidement une source de tension entre eux. Si elle pense qu'une femme ne devrait pas s'occuper de tous les repas alors que lui ne sait pas cuisiner, ils devront se mettre d'accord sur cette question avant le mariage. Soit il faudra qu'elle change d'avis, soit il faudra que lui s'inscrive à un cours de cuisine. Notre conception de la masculinité et de la féminité détermine grandement les attentes que nous pouvons avoir en ce qui concerne les rôles conjugaux.

3. Les dons de chacun

Ce que nous venons de voir m'amène à parler d'un troisième élément qui détermine notre manière de considérer les rôles de l'un et de l'autre dans un couple: les dons propres à chacun. Par exemple, l'un peut être particulièrement doué pour trouver les produits les moins chers, alors que l'autre achète simplement ce qu'il faut sans regarder au prix. L'un peut être doué pour la pâtisserie, tandis que l'autre l'est davantage pour les grillades. L'un sait faire la poussière, quand l'autre ne la voit même pas. L'un s'y connaît en jardinage, et l'autre pas du tout. L'un est un spécialiste en informatique, tandis que l'autre ne sait même pas envoyer un e-mail.

Nous n'avons pas besoin d'avoir les mêmes capacités, mais il est important que nous reconnaissions ces différences et que nous cherchions à les utiliser pour le bien du couple. Dans une équipe de football, les onze joueurs ont le même objectif, celui de gagner, cependant, ils n'occupent pas tous la même position. L'entraîneur les place selon leurs aptitudes. Ce principe est aussi utile pour définir les rôles de chacun des époux.

4. La question des préférences

Enfin, le quatrième élément à considérer pour déterminer qui fera quoi est le fait que chacun a des préférences. Pour elle, établir un budget et faire les comptes est un jeu d'enfants, alors que, pour lui, c'est une vraie corvée. Tous deux savent calculer et classer des factures, mais l'un aime le faire et l'autre pas. Autre exemple: lui aime passer l'aspirateur car cela lui permet de bouger; elle trouve cela pénible.

Apprenez à discerner quelles sont vos préférences mutuelles! C'est important pour définir vos tâches respectives. Bien sûr, l'idéal, dans un couple, c'est que chacun puisse faire ce qu'il aime faire. Mais si personne n'a envie d'accomplir une tâche donnée, l'un des deux doit accepter de s'en charger malgré tout. Je ne peux que vous encourager à tenir compte de vos préférences mutuelles dans la répartition des différentes tâches ménagères.

Un exercice pratique

Voici un exercice pratique pour vous aider à déterminer non seulement qui nettoiera les toilettes mais aussi qui accomplira toutes les autres tâches domestiques qui s'imposent: si vous pensez sérieusement au mariage, faites chacun une liste de toutes les choses qui seront à faire pour maintenir le ménage en ordre (entretien de la voiture, courses, préparation des repas, lessive, aspirateur, etc.). Ensuite, mettez vos listes en commun pour n'en faire plus qu'une seule. Photocopiez-la, puis indiquez chacun votre nom à côté de la tâche que vous pensez assumer. Si vous avez l'intention de partager telle ou telle responsabilité avec votre époux(se), écrivez vos deux noms et soulignez le nom de celui qui, selon vous, s'en chargera le plus.

Si vous n'arrivez pas à vous mettre d'accord
avant le mariage,
pourquoi en serait-il autrement après?

Une fois que vous avez terminé, réservez une soirée pour discuter de vos réponses et de vos éventuelles divergences de vues. En cas de désaccord, il vous faudra «négocier» et expliquer vos choix avec douceur et franchise. Après avoir vraiment pris le temps de vous écouter l'un l'autre, décidez ensemble qui se chargera de chaque tâche. (Si vous n'arrivez pas à vous mettre d'accord avant le mariage, pourquoi en serait-il autrement après?)

Ce n'est pas parce que vous vous serez prêtés à cet exercice que vous serez contraints d'assumer ces responsabilités jusqu'à la fin de vos jours. Après six mois, vous souhaiterez peut-être rediscuter de certains points. Mais cela vous permettra de commencer votre vie à deux en comprenant mieux quelles sont vos attentes respectives. En réfléchissant à l'avance à qui fera quoi et en parvenant à vous mettre d'accord avant le mariage, vous vous épargnez bien des conflits pour la suite et votre couple en sera beaucoup plus harmonieux.

Discutez-en

Quelles responsabilités votre père assumait-il dans votre famille?

Et quelles étaient les responsabilités de votre mère?

Si vous pensez sérieusement au mariage, faites l'exercice ci-dessus.

8. «Si seulement j'avais su… qu'il fallait établir un budget pour bien gérer notre argent»

Lorsque Karolyn et moi nous fréquentions, il ne m'est jamais venu à l'idée de réfléchir avec elle à la manière dont nous gérerions notre budget, une fois mariés. De toute façon, nous n'avions pas d'argent. Nous venions de terminer nos études de deuxième cycle, durant lesquelles nous avions l'un comme l'autre vécu en résidence universitaire. Je n'avais donc pas encore eu à louer un appartement ni à payer de factures d'électricité, et à l'époque, je m'achetais très peu d'habits. En fait, je portais les vêtements que je recevais à Noël ou à mon anniversaire. Je travaillais à temps partiel pour financer mes études, et après ma première année d'université, mes parents ont eu la gentillesse de m'acheter une voiture et de se charger des frais d'assurance.

L'expérience de Karolyn était assez semblable à la mienne, sauf qu'avant de commencer ses études, elle avait travaillé une année à plein temps, période pendant laquelle elle avait loué un appartement et payé elle-même ses factures.

Le seul accord financier que nous ayons conclu avant de nous marier était celui-ci: Karolyn travaillerait à plein temps pendant que je continuerais mes études en troisième cycle. Cela a «fonctionné» pendant deux mois. Mais elle commençait à 5 h 30 du matin, et comme elle n'est pas une «personne du matin», avec le temps, elle s'est sentie de plus en plus mal sur le plan physique. Nous avons donc reconnu que notre plan n'était pas bon et décidé de travailler tous les deux à temps partiel l'après-midi. Assez vite, elle a été embauchée par un de mes professeurs d'université et, pour ma part, j'ai trouvé un emploi dans une banque. Nous ne gagnions pas beaucoup, mais cela suffisait pour payer le loyer de notre appartement d'étudiant, les factures, l'essence et la nourriture. Pendant trois ans, nous n'avons pas pu nous acheter de vêtements. Lorsque, ayant terminé mon cursus, j'ai commencé à travailler à plein temps, nous disposions, en tout et pour tout, de 150 dollars.

Durant ces années,
nous n'avions pas de problèmes d'argent,
puisque nous n'avions pas d'argent.

Durant ces années, nous n'avions pas de problèmes d'argent, puisque nous n'avions pas d'argent. Aussi longtemps que vous acceptez ensemble de faire des sacrifices financiers pour atteindre un objectif donné (dans notre cas, l'obtention de mon diplôme de troisième cycle), et aussi longtemps qu'il y a suffisamment d'argent pour payer les produits de première nécessité, vous ne risquez pas vraiment de vous disputer au sujet des finances. Pour Karolyn et moi, les problèmes ont commencé à partir du moment où nous avons «gagné de l'argent».

A ce stade, nous n'avions toujours pas discuté de la manière dont nous voulions gérer notre budget. Et après trois années de sacrifices, nous avions tous deux hâte de dépenser. Cependant, nous avions des idées très différentes sur les achats à faire et sur le moment qui convenait pour les faire. Cette question est donc vite devenue pour nous ce qu'elle devient pour de nombreux couples: un sujet de division. Je ne veux pas vous ennuyer en vous racontant en détail les conflits que cela a engendrés pour nous. Je veux juste souligner le fait que si nous avions réfléchi à tout cela avant le mariage, nous nous serions épargné bien des querelles inutiles.

Voici, ci-après, quelques pistes très simples qui ont évité des ennuis à de nombreux couples.

«Notre argent»: construire l'unité

La première étape consiste à vous mettre d'accord sur le fait qu'après le mariage, vous ne parlerez plus de «mon argent» et de «ton argent», mais de «votre argent». Le désir d'unité est au cœur du mariage. Vous vous engagez ensemble «pour le meilleur et pour le pire». Cela impliquera de partager vos revenus et de réfléchir à ce que vous voudrez faire de votre argent. Cela signifie aussi que les éventuelles dettes de chacun deviendront «vos dettes à tous les deux» et que vous devrez établir un plan de remboursement. De même, les économies de chacun deviendront «vos économies à tous les deux». Si vous n'êtes pas prêts pour ce genre d'unité, alors vous n'êtes pas prêts pour le mariage.

Economiser, donner, dépenser

Vous pouvez faire essentiellement trois choses avec votre argent: l'économiser, le donner ou le dépenser. Et la deuxième étape, pour parvenir à une vision commune sur la question des finances, c'est de déterminer ensemble quel pourcentage de vos revenus vous voudrez allouer à l'épargne, à la libéralité et à vos dépenses courantes. C'est là une chose importante.

Au fil des années, j'ai encouragé les couples à adopter ce qu'on appelle le «plan 10-10-80». Il consiste premièrement à économiser 10% du revenu total.

1. L'épargne

L'épargne permet avant tout de disposer d'une réserve en cas d'urgence, comme en cas de maladie ou de licenciement. Ensuite, elle permet de payer la facture de la carte de crédit ou les remboursements de crédits à la consommation. Enfin, elle permet de mettre de l'argent de côté pour les achats importants (p. ex. pour une maison ou une voiture).

L'épargne en vue de la retraite fait normalement partie des déductions salariales. J'encourage chaque couple à souscrire à tout plan d'épargne retraite supplémentaire que pourrait proposer leur employeur.

2. Les dons

Ensuite, on peut allouer les 10% suivants aux dons que l'on pense faire. Donner, c'est exprimer notre reconnaissance pour ce que nous avons nous-mêmes reçu. Dans l'Ancien Testament, il est parlé de la dîme, ce qui correspond à 10% du revenu. Les gens les plus heureux au monde ne sont pas les plus fortunés, mais ceux qui ont appris à donner avec joie pour aider les autres. En Actes 20.35, il nous est dit: «Il y a plus de bonheur à donner qu'à recevoir.»

«Il y a plus de bonheur à donner qu'à recevoir.» Actes 20.35

Pour Karolyn et moi, le fait de donner le 10% de notre revenu n'a jamais causé de problème. Nos parents nous avaient enseigné ce principe et chacun de nous avait eu l'habitude de le mettre en pratique. Ainsi, nous sommes rapidement tombés d'accord sur ce point, et nous n'avons jamais regretté notre décision.

Cependant, si cette notion est nouvelle pour l'un de vous, il vous faudra en discuter et trouver une solution qui convienne à chacun. Si vous ne parvenez pas à vous mettre d'accord sur le 10%, quel pourcentage voulez-vous donner? En prenant le temps de réfléchir à cette question et de parvenir à une décision commune avant le mariage, vous vous épargnerez bien des conflits après.

3. Les 80% restants

Les 80% restants sont à partager entre le remboursement de l'emprunt pour la maison ou le loyer, le paiement des factures courantes (eau, électricité, chauffage...) et des assurances et les dépenses pour les déplacements, l'habillement, les médicaments, l'ameublement, la nourriture, les loisirs, etc. C'est à vous de décider des montants à allouer à chacun de ces postes budgétaires. Et, bien entendu, plus votre loyer sera élevé, moins vous aurez d'argent pour le reste. Souvent, les jeunes couples font l'erreur d'acheter une maison qui est au-dessus de leurs moyens.

Il est difficile d'évaluer à l'avance le montant exact du loyer, des primes d'assurance et des autres dépenses. Si vous envisagez le mariage, je vous encourage à demander conseil à un couple marié depuis trois ans et qui habite dans un logement semblable à celui que vous aimeriez louer ou acheter. Demandez-leur combien ils dépensent pour le loyer et les factures courantes. Peut-être accepteront-ils de vous en dire plus au sujet de leur budget. Cela vous donnera une bonne idée de ce qui vous attend. Il est conseillé de ne pas dépasser plus de 40% du revenu total pour le loyer et les différentes factures courantes.

Faire les courses avec sagesse peut permettre de réaliser des économies importantes, et ce en dépit des plaisanteries qu'on entend parfois sur la femme qui dépense 5 euros d'essence pour se rendre au supermarché où elle pourra en économiser 2. Bien sûr, cela demande d'y consacrer du temps et de l'énergie. Mais l'argent ainsi économisé peut être utilisé à d'autres fins. Il vaut donc la peine d'être vigilant dans ce domaine.

Un autre sujet extrêmement important dont il faut discuter en couple est celui des achats à crédit. Si j'avais un drapeau rouge, je l'agiterais ici. «Achetez maintenant, payez plus tard!» entend-on partout aujourd'hui. Mais ce qu'on ne nous dit pas, c'est qu'en payant plus tard, on paye *beaucoup plus*. Les taux d'intérêt peuvent être parfois très élevés. Il est très important de bien lire le texte écrit en tout petit sur les contrats. Le crédit est un service qui se paie, et son coût peut varier.

Il est un principe utile qui consiste à n'utiliser une carte de crédit que pour les urgences (p. ex. dépenses de santé) et les dépenses imprévues qui ne peuvent être reportées (p. ex. réparations sur la voiture, remplacement d'appareils électroménagers indispensables qui sont tombés en panne). Ensuite, il est important de payer la facture de la carte de crédit aussi vite que possible. Certains conseillers financiers sont d'avis que les couples ne devraient jamais acheter à crédit.

La carte de crédit a causé bien des ennuis à de nombreux couples. En effet, elle encourage les achats impulsifs. Et naturellement, il ne nous est pas difficile de céder à nos impulsions! Je sais que les frais sont moindres si les factures sont réglées rapidement et intégralement, mais lorsqu'on utilise régulièrement la carte de crédit, on a tendance à dépenser plus, quitte à attendre pour payer les factures.

Pourquoi achetons-nous à crédit? Parce que nous voulons *maintenant* ce que nous n'avons *pas* les moyens de nous offrir maintenant. En ce qui concerne l'achat d'une maison, c'est différent. En effet, de toute façon, il faudra payer un loyer, et si la maison est bien choisie, elle prendra de la valeur. Si nous sommes en mesure de verser l'acompte de départ et d'assumer chaque mois le remboursement du crédit, un tel achat est sage. Cependant, la plupart des biens que nous acquérons ne prennent pas de valeur avec le temps. Ils ont plutôt tendance à en perdre à partir du jour où nous les achetons. En les obtenant avec un crédit, nous les achetons avant de pouvoir nous les offrir. Et ce faisant, nous payons en plus les intérêts, alors que les biens eux-mêmes perdent de la valeur.

Pourquoi de jeunes mariés devraient-ils avoir dès leur première année de vie commune ce que leurs parents ont mis 30 ans à se procurer?

Je sais qu'il y a certaines choses «indispensables» dans notre société, mais pourquoi de jeunes mariés devraient-ils avoir dès leur première année de vie commune ce que leurs parents ont mis 30 ans à se procurer? Pourquoi devriez-vous avoir le plus beau et le meilleur *maintenant*? Avec une telle conception des choses, vous vous privez de la joie qu'il y a à obtenir un objet désiré après avoir attendu. Les biens absolument indispensables sont relativement peu nombreux. Vous pouvez les acheter avec votre revenu actuel. (Et si vous êtes au chômage, vous touchez certainement des allocations qui vous permettent de vous procurer ces choses de première nécessité.)

Je ne dis pas qu'il est mal de désirer mieux, si ce «mieux» peut-être utilisé à bon escient. Mais ce que je veux dire, c'est qu'il est préférable de vivre dans le présent plutôt que dans le futur. Réjouissez-vous de ce que vous avez *aujourd'hui*.

Il y a de nombreuses années, mon épouse et moi avons découvert un petit jeu que nous avons appris à apprécier. Il s'appelle: «Voyons de quoi nous pouvons nous passer alors que tous les autres croient en avoir besoin.» Nous l'avons inventé par nécessité, lorsque nous étions encore étudiants, mais il nous a tellement plu que nous avons continué à y jouer depuis.

Voici le principe: le vendredi soir ou le samedi, nous allons ensemble dans un grand magasin, nous nous promenons dans les allées et nous regardons les produits qui nous intéressent.

Nous lisons la notice d'emballage, nous discutons des points forts des articles, puis nous nous regardons et disons: «En fait, on n'est pas obligés d'en avoir besoin. Ce n'est pas formidable, ça?» Alors que les autres consommateurs sortent avec un caddie rempli et un porte-monnaie vide, nous sortons main dans la main, tout contents de n'avoir pas besoin de tout cela pour être heureux. Je recommande vivement ce jeu aux jeunes mariés!

Et voici un autre conseil qui pourra vous éviter bien des problèmes: convenez entre vous que vous ne ferez jamais un achat important sans en parler d'abord à l'autre. Il faut pour cela préciser la somme à partir de laquelle vous estimez qu'un achat est *important*. Vous pourriez par exemple décider de ne rien acheter qui coûte plus de 80 euros sans en avoir discuté ensemble auparavant. Bien des appareils high-tech resteraient au magasin si les couples suivaient ce principe. Et bien des couples seraient plus heureux.

Qui tiendra les comptes?

J'en arrive maintenant à ma dernière suggestion en ce qui concerne la question des finances: décidez avant le mariage qui tiendra les comptes. Celui qui «s'occupe de la comptabilité» paie les factures mensuelles et connaît le solde du compte courant. Il veille à ce que les dépenses ne dépassent pas le budget qui a été fixé d'un commun accord.

Mais il n'est pas pour autant le seul responsable de prendre les décisions financières. En effet, de telles décisions se prennent à deux.

Et le «comptable» n'est pas censé le rester pour toujours. Au bout de six mois de mariage, vous constaterez peut-être qu'il serait plus sage de changer de «comptable». Au fur et à mesure que vous discuterez des questions financières, il deviendra évident que l'un de vous est plus à l'aise que l'autre dans ce domaine.

Cependant, assurez-vous que celui qui ne tient pas les comptes sait aussi le faire et qu'il est au courant de la situation financière de votre couple. Vous formez une équipe, ne l'oubliez pas.

J'espère que les conseils exposés dans ce chapitre vous aideront à réfléchir ensemble à la question des finances et à vous mettre d'accord sur la manière dont vous voudrez gérer votre budget. Si quelqu'un m'avait parlé de tout cela avant notre mariage, je pense que j'aurais suivi ses conseils.

Discutez-en

Comment gérez-vous votre argent actuellement? Essayez de répondre chacun précisément à cette question.

Donnez-vous 10% de votre revenu?

Réservez-vous au moins 10% de votre salaire pour l'épargne?

Discutez ensemble des questions 2 et 3 et mettez-vous d'accord sur ce que vous souhaitez pour votre vie à deux.

Commencez dès maintenant, et chacun de votre côté, à appliquer ce que vous avez décidé pour votre couple (cela montrera si vous avez l'intention de vous conformer à la décision commune après le mariage). Par exemple, si vous avez décidé d'économiser 10% de votre revenu, faites-le dès maintenant.

Si vous êtes fiancés, tenez-vous mutuellement au courant de votre situation financière (avoir, dettes).

Décidez ensemble de la manière dont vous pensez rembourser vos dettes une fois que vous serez mariés (échéancier).

Réfléchissez à la façon dont vous pensez gérer votre budget après le mariage. Il vous faudra notamment estimer le montant du loyer et celui des charges locatives.

Déterminez à partir de quel montant un achat peut être qualifié d'«important», puis, si vous êtes d'accord sur ce point, décidez que vous ne ferez ni l'un ni l'autre une telle dépense sans en avoir convenu auparavant. Pas d'accord, pas d'achat!

Qui s'occupera de la comptabilité? Pourquoi?

9. «Si seulement j'avais su… que le plaisir sexuel n'est pas forcément réciproque»

Voilà un autre domaine de la vie de couple dans lequel je n'aurais pas imaginé rencontrer un jour des problèmes. J'étais un homme bien dans son corps, Karolyn était elle aussi bien dans son corps, et nous étions très attirés l'un vers l'autre sur le plan sexuel. Que nous fallait-il de plus? Je pensais que nous allions tous deux connaître le bonheur parfait au niveau de l'acte conjugal. Pourtant, après le mariage, j'ai découvert que ce qui peut être un vrai bonheur pour l'un peut être quelque chose d'insupportable pour l'autre.

Personne ne m'avait dit que les hommes et les femmes sont différents. Bien sûr, je connaissais les différences physiologiques évidentes, mais je ne savais pratiquement rien au sujet de la sexualité féminine. Je pensais qu'elle trouverait autant de plaisir que moi dans l'acte conjugal, qu'elle voudrait faire l'amour aussi souvent que moi et que nous serions aussi satisfaits l'un que l'autre dans ce domaine. Mais, je le répète, j'ignorais presque tout de la sexualité féminine. Et je me suis rendu compte que, de son côté, Karolyn ne connaissait pas grand-chose à la sexualité masculine.

Si j'avais réfléchi à la question, j'aurais peut-être découvert ce texte de l'Ecriture: «Lorsqu'un homme sera jeune marié, il n'ira pas à l'armée et on ne lui imposera aucune charge. Il sera exempté pour raison de famille pendant un an et il réjouira la femme qu'il a épousée» (Deutéronome 24.5). Je comprends en le lisant qu'il faut une année à de jeunes mariés pour apprendre à se réjouir l'un l'autre sur le plan sexuel. Là encore, mon manque d'information était flagrant.

Ce que je vais partager avec vous dans ce chapitre correspond à ce que j'aurais aimé qu'on me dise sur la question de l'acte conjugal avant que je me marie.

Premièrement, j'aurais souhaité savoir que les hommes sont concentrés sur les rapports sexuels, tandis que les femmes accordent davantage d'importance à la relation. Si donc la relation a été brisée par des paroles dures ou un comportement irresponsable, l'épouse aura vraiment du mal à désirer se donner à son mari. Pour elle, les relations sexuelles sont un acte profondément intime qui est l'expression d'un amour véritable. Le comble, c'est que les hommes pensent souvent que «faire l'amour» résoudra tous les problèmes relationnels que peut connaître leur couple. «Il me parle avec colère, disait une épouse, et une demi-heure plus tard, il dit qu'il est désolé et me demande si nous pouvons 'coucher ensemble'. Il me dit: 'J'aimerais te montrer à quel point je t'aime.' Il pense que si nous avons des rapports sexuels, cela réparera tout. Eh bien, il se trompe. Je ne peux pas avoir de relations sexuelles avec un homme qui m'a insultée!»

Si, après une dispute, un mari attend que sa femme désire avoir des relations sexuelles, c'est comme s'il attendait l'impossible. Dans ce cas, des excuses sincères et un véritable pardon doivent être exprimés avant que l'acte conjugal ne soit à nouveau possible.

Cette différence entre les hommes et les femmes au niveau de la sexualité se manifeste d'une autre manière: pour les femmes, les relations sexuelles commencent à la cuisine et non pas seulement dans la chambre à coucher. Si le mari sait exprimer son amour à sa femme dans la cuisine, elle sera bien plus ouverte aux relations sexuelles quand ils arriveront dans la chambre. Si le langage d'amour de sa femme correspond aux *services rendus*, alors le fait qu'il fasse la vaisselle et sorte les poubelles pourra s'avérer excitant pour elle. Un jour, un époux m'a dit: «Si j'avais su que le fait de sortir les poubelles était sexy pour mon épouse, je les aurais sorties deux fois par jour. Personne ne me l'a jamais dit.»

Si les *paroles valorisantes* correspondent à son langage d'amour, en la complimentant pour le repas ou en lui disant combien il la trouve belle, son mari suscitera en elle un désir d'acte conjugal. Un homme peut jouir d'un rapport sexuel satisfaisant avec sa femme même s'il n'est pas aussi amoureux d'elle qu'il pourrait l'être, tandis que, pour l'épouse, ce sera beaucoup plus difficile.

Deuxièmement, j'aurais bien aimé savoir avant de me marier que, pour l'épouse, les moments qui précèdent l'acte conjugal ont beaucoup plus d'importance que l'acte en lui-même. Si la femme aime bien prendre le temps de «s'échauffer», l'homme est souvent «prêt» beaucoup plus vite. Ce sont les caresses et les baisers précédant l'acte sexuel qui amènent une épouse à désirer cet acte. Si son mari se «précipite directement sur la ligne d'arrivée», elle se dit: *Je ne vois pas ce qu'il y a d'agréable là-dedans.* Sans des préliminaires amoureux suffisants, elle aura souvent l'impression d'être violée dans son intimité. «Je veux me sentir aimée, a dit un jour une épouse, mais tout ce qui l'intéresse, c'est de 'faire l'amour'.»

Troisièmement, j'aurais aimé savoir qu'il n'est pas nécessaire d'atteindre l'orgasme en même temps pour que l'acte sexuel soit un plaisir pour chacun. Bien des couples entrent dans le mariage avec l'idée que «chaque fois qu'ils 'feront l'amour', ils atteindront l'orgasme au même moment et connaîtront tous deux une jouissance parfaite». Cette manière de penser est largement véhiculée par les films d'aujourd'hui. Mais en réalité, il est rare que l'orgasme soit simultané. L'important, c'est que chacun connaisse ce plaisir. En fait, de nombreuses femmes disent qu'elles préfèrent atteindre l'orgasme au cours des préliminaires amoureux. Lorsque le mari stimule son clitoris et qu'il donne ainsi à son épouse le plaisir de l'orgasme, elle est alors prête pour qu'il puisse jouir du rapport sexuel et connaître à son tour le plaisir de l'orgasme. L'attente irréaliste d'un orgasme simultané a occasionné des angoisses inutiles à de nombreux couples.

Quatrièmement, j'aurais aimé savoir que si l'acte conjugal a lieu sous la contrainte de l'un des deux époux, il cesse d'être un acte d'amour et devient un abus sexuel. Le véritable amour cherche toujours à donner du plaisir à l'autre. Il n'exige jamais quelque chose que l'autre trouve désagréable. Si le mari et la femme ne sont pas d'accord sur une expression sexuelle particulière, il faut qu'ils en parlent. Et s'ils ne parviennent pas à s'entendre, alors l'amour doit respecter le désir du partenaire qui refuse. En violant ce principe on empêche l'épanouissement sexuel du couple.

Cinquièmement, j'aurais été reconnaissant qu'on me dise que les rapports sexuels sont plus qu'un acte. De par leur nature même, ils créent un lien fort. Ils sont l'expression de l'union la plus intime et profonde entre un homme et une femme. Il ne s'agit pas simplement de l'union de deux corps, mais d'une union sur les plans du corps, de l'âme et de l'esprit. Je pense que c'est pour cette raison que, selon l'Ecriture, les relations sexuelles sont réservées au mariage. C'est en effet ainsi qu'un époux et une épouse deviennent *un* pour la vie.

Si l'acte conjugal est considéré exclusivement comme un moyen de soulager les pulsions sexuelles de l'un et de l'autre ou de vivre un moment de plaisir, son véritable but n'est pas atteint et il devient finalement un acte égoïste comme un autre. En revanche, s'il est pour chacun des époux un acte d'amour qui leur permet d'exprimer de la manière la plus profonde qui soit leur désir de se donner l'un à l'autre, il conduit à leur épanouissement sexuel.

Que pourrais-je faire ou ne pas faire
pour que l'acte conjugal soit plus agréable
pour toi?

Sixièmement, j'aurais aimé savoir que la communication est la clé de l'épanouissement sexuel. Alors que, dans notre société, le sexe n'est vraiment plus un sujet tabou (bien au contraire), je suis toujours étonné de rencontrer des couples qui n'ont jamais appris à aborder ensemble la question. Et quand ils ont essayé d'en parler, c'était souvent plutôt pour faire des reproches à l'autre. Ils ont davantage cherché à *dire* qu'à *écouter*. Pourtant, la seule manière de savoir ce qui est désagréable pour l'autre ou ce qui, au contraire, lui procure du plaisir est de l'écouter quand il désire parler de ces choses. Nul ne peut deviner les pensées. C'est pourquoi j'ai très régulièrement encouragé les couples à apprendre à s'écouter mutuellement dans une attitude d'empathie.

Cela consiste à écouter ce que l'autre dit en cherchant à comprendre ce qu'il pense et ressent. Quels sont ses désirs? Quelles sont ses frustrations? J'encourage souvent les jeunes mariés à se demander l'un à l'autre, une fois par mois et durant les six premiers mois de leur vie à deux: «Que pourrais-je faire ou ne pas faire pour que l'acte conjugal soit plus agréable pour toi?» Notez vos réponses et prenez-les au sérieux. Procéder ainsi vous aidera à parvenir à l'épanouissement sexuel dans votre couple.

Septièmement, j'aurais aimé qu'on me dise que le passé finit toujours par refaire surface. Etant donné la «liberté sexuelle» prônée par notre société, de nombreuses personnes ont eu des rapports avant de se marier. On nous fait croire qu'en faisant ainsi on se prépare mieux au mariage, mais toutes les études qui ont été menées sur le sujet prouvent le contraire. En réalité, ceux qui ont eu des relations sexuelles avant de se marier divorcent deux fois plus que ceux qui s'en sont abstenus.[1] Le fait est que les relations sexuelles qu'ils ont pu avoir avant le mariage deviennent souvent, pour des époux, un obstacle sur le plan psychologique; c'est une entrave à leur unité sexuelle.

Aujourd'hui, on nous dit que les rapports sexuels avant le mariage sont un simple

1 Voir William G. Axinn & Arland Thorton, «The Relationship Between Cohabitation and Divorce: Selectivity or casual influence?» *Demography*, 29, 1992, 357-74; Zheng Wu, «Premarital Cohabitation and Postmarital Cohabitation Union Formation», *Journal of Family Issues*, 16, 1995, 212-32.

divertissement et que, une fois mariés, il vous suffit de faire table rase de tout cela, de promettre à votre époux(se) que vous lui resterez fidèle et que, ainsi, tout ira bien. Mais il n'est pas aussi facile que cela d'oublier ce qu'il y a eu avant. Les époux désirent souvent connaître le passé sexuel de l'autre, et quand ils savent, ils risquent d'avoir de la peine à effacer de leur mémoire ce qu'ils ont appris. Lorsqu'il s'agit du mariage, quelque chose au plus profond de l'être humain réclame l'exclusivité. Et le fait de savoir que votre mari ou votre femme a eu des relations sexuelles avec quelqu'un d'autre vous attriste.

Je crois qu'il est de loin préférable que vous abordiez ce sujet avant de vous engager dans le mariage. En effet, presque toujours, le passé finit par ressurgir. Et si une telle conversation a lieu après, la déception est souvent plus difficile à surmonter.

Si le fait de savoir la vérité sur les expériences sexuelles passées de celui ou celle que vous vouliez épouser vous blesse et que vous ne parvenez pas à accepter cette réalité, je vous conseille de reporter le mariage et de prendre le temps de régler le problème, peut-être en demandant de l'aide à un conseiller. Et si la souffrance persiste, alors, à mon avis, il serait plus sage de renoncer à vos projets de mariage.

J'espère que les quelques conseils exposés dans ce chapitre vous aideront à commencer votre vie conjugale en étant beaucoup plus au clair quant à la manière de parvenir à l'épanouissement sexuel au sein de votre couple. Et voici une dernière suggestion: durant la première année de votre mariage, vous pouvez lire un bon livre sur l'acte conjugal et en discuter ensemble.

Discutez-en

Comment décririez-vous le point de vue de notre société sur les relations sexuelles? Etes-vous d'accord avec cette manière de voir les choses? Pourquoi ou pourquoi pas?

Les études qui ont été réalisées montrent que les couples qui ont eu des relations sexuelles avant le mariage divorcent deux fois plus que les autres. Pourquoi en est-il ainsi, d'après vous?

Avez-vous parlé de vos expériences sexuelles passées avec la personne que vous fréquentez?

Si vous envisagez sérieusement le mariage, vous pourriez lire *Ils deviendront une seule chair,* d'Henri Gras.[1]

1 Henri Gras, La Maison de la Bible, 1991. Voir aussi Joshua Harris, *Jeune homme rencontre jeune fille*, La Maison de la Bible, 2006; Ed Wheat & G.O. Perkins, *Amoureux pour la vie*, La Maison de la Bible, 1998.

10. «Si seulement j'avais su… que j'épousais aussi une famille»

Si vous pensez qu'après le mariage, vous vous retrouverez juste tous les deux, vous vous trompez. Vous épousez une famille, pour le meilleur et pour le pire. En effet, la famille de celui ou celle que vous fréquentez ne disparaît pas le lendemain du mariage. Bien sûr, vos parents vous laisseront partir en voyage de noces, mais ensuite, ils s'attendront à faire partie de votre vie.

En épousant celui ou celle que vous aimez,
vous avez aussi épousé sa famille.

Et dans certaines cultures, cette présence des parents est beaucoup plus forte et évidente que dans d'autres. Il arrive que la jeune femme emménage dans la maison de son mari, qui vit lui-même avec ses parents, et qu'ils y restent pour toujours. La dot a été payée, et elle appartient à sa belle-famille. Sa belle-mère lui apprendra à être une bonne épouse pour son fils. Dans la culture occidentale, les relations avec la belle-famille ne sont pas aussi officielles, mais elles n'en sont pas moins réelles.

Depuis plus de 30 ans, les couples avec lesquels j'ai des entretiens se plaignent à moi:

«Ma belle-mère veut me montrer comment faire la cuisine, mais cela fait dix ans que je cuisine. Je n'ai pas besoin de son aide.»
«Mon beau-père ne m'aime pas. Il dit à ses amis que sa fille est «mal tombée». Je pense qu'il aurait préféré que je sois médecin ou avocat. En fait, je n'ose pas lui dire qu'en tant que plombier, je gagne encore plus.»
«Ma belle-sœur et ma belle-mère ne m'invitent jamais à participer à leurs activités. Elles invitent la femme du frère de mon mari, mais pas moi.»
«Le frère de ma femme est fou de sports. Nous n'avons pas grand-chose en commun. Je crois que ça fait des années qu'il n'a pas lu un seul livre, et il ne s'intéresse pas à la politique.»
«Mon beau-père est comptable. Chaque fois que nous nous voyons, il me donne des conseils sur la manière dont nous devrions gérer notre argent. Et honnêtement, la plupart du temps, je ne vois pas les choses comme lui. Mais j'essaie de rester courtois.»
«Le frère de mon mari lui dit toujours ce qu'il doit faire. Je pense qu'il tient à son rôle de «grand frère». Mais ça m'embête que mon mari se laisse aussi facilement influencer. Si j'ai un avis différent, il se range toujours du côté de son frère.»

«Mes beaux-parents donnent de l'argent à mon épouse pour qu'elle puisse acheter des choses que nous ne pouvons pas nous offrir. Ça ne me plaît pas du tout. J'aimerais qu'ils nous laissent nous débrouiller seuls.»

«Mes beaux-parents arrivent chez nous à n'importe quel moment et s'attendent à ce que nous laissions tout tomber pour bavarder avec eux. Ça commence à m'énerver sérieusement. Je ne veux pas leur faire de peine, mais j'aimerais bien qu'ils nous téléphonent avant de venir pour voir si nous avons le temps de les recevoir.»

Quand vous vous mariez, vous entrez dans une famille élargie. Elle peut être composée d'un père, d'une mère, d'un beau-père, d'une belle-mère, de frères et sœurs, de beaux-frères, de belles-sœurs, d'oncles, de tantes, de cousins, de nièces, de neveux, d'enfants d'un premier mariage et, peut-être, d'un ex-mari ou d'une ex-femme. C'est une réalité qui demeure et qui ne peut être ignorée. Que la relation soit distante ou étroite, bonne ou mauvaise, elle *existe*, parce que, en épousant celui ou celle que vous aimez, vous avez aussi épousé sa famille.

Bien entendu, la vie sera beaucoup plus facile si vous parvenez à développer une bonne relation avec cette famille élargie. La nature du contact que vous aurez avec chacun de ses membres dépendra des occasions que vous aurez de passer du temps avec eux. Si vous habitez à des centaines de kilomètres de chez eux, la relation sera peut-être bonne mais distante. Dans ce cas, les occasions de les voir se limiteront peut-être aux vacances, aux mariages et aux enterrements. En revanche, si vous habitez près les uns des autres, il ne sera pas difficile de vous rencontrer régulièrement.

Normalement, c'est avec les beaux-parents que la relation est la plus proche. Ce sera donc là l'objet de notre chapitre.

Ce dont il faudra tenir compte

De quoi faudra-t-il tenir compte dans votre contact avec vos beaux-parents? Il y a, à mon sens, cinq domaines dans lesquels il est important d'apprendre à se comprendre et à trouver un terrain d'entente.

1. Les fêtes

La première chose dont il faudra tenir compte dans les relations avec votre belle-famille est la question des jours de fête. Et tout en haut de la liste, il y a la fête de Noël. Dans la culture occidentale, c'est pour ainsi dire *le* moment où les familles se retrouvent.

Souvent, le problème, c'est que tant les parents que les beaux-parents aimeraient vous avoir avec eux. Si vos deux familles habitent dans la même ville, cela peut s'organiser. Si ce n'est pas le cas mais qu'elles n'habitent pas trop loin l'une de l'autre, vous pourrez par exemple passer le 24 décembre dans une famille et le 25 dans l'autre. En revanche, si elles habitent dans deux régions complètement différentes, vous devrez vous arranger pour passer Noël dans une famille une année et dans l'autre l'année d'après. Il faudra aussi prévoir de rendre visite à celle qui ne vous aura pas vus à Noël lors d'une autre fête importante pour elle.

2. Les traditions familiales

Ensuite, il y a les traditions spécifiques à chaque famille. Une jeune femme m'a dit un jour: «Avec ma sœur, nous avons toujours invité notre maman au restaurant le jour de son anniversaire. Maintenant que je suis mariée, mon mari dit que nous n'avons pas l'argent pour payer le vol en avion jusque chez mes parents. C'est quelque chose que j'ai beaucoup de peine à accepter. Je ne voudrais pas que ma mère et ma sœur lui en veuillent.» Et un jeune mari a dit: «Aussi loin que remontent mes souvenirs, le 4 juillet[1], les hommes de ma famille vont à la pêche tôt le matin. Puis, nous passons la journée tous ensemble. C'est la seule fois de l'année où je vois tous mes cousins. Ma femme pense que nous devrions passer cette journée avec ses parents, mais ils vont simplement au restaurant. On peut y aller n'importe quel autre jour de l'année.»

1 Fête nationale américaine. (N.d.E.)

Les traditions familiales revêtent souvent une valeur sentimentale et, de ce fait, elles ne devraient jamais être prises à la légère.

3. Les attentes de vos beaux-parents

Vos beaux-parents auront aussi des attentes, et si vous n'avez pas cherché à faire leur connaissance avant le mariage, vous risquez d'être «pris par surprise». Un mari a dit un jour: «J'ai découvert à mes dépens que, lorsque ma femme et moi allons au restaurant avec ses parents, ils payent pour tout le monde une fois et, la fois d'après, ils s'attendent à ce que ce soit moi qui paye pour tout le monde. J'ai été extrêmement gêné le jour où ma femme m'a dit: 'C'est à ton tour de payer.' Quand on sort avec mes parents, c'est toujours eux qui payent. Je n'ai jamais imaginé qu'il puisse en être autrement.»

Certaines attentes relèvent du domaine religieux. Une jeune épouse a dit: «J'ai découvert que quand nous passons le week-end chez ses parents, ils s'attendent à ce que nous allions à la synagogue le vendredi soir, même si nous sommes tous deux chrétiens. Je me sens très mal à l'aise, mais je ne veux pas les froisser. Je me demande si, quand ils viendront nous voir, ils nous accompagneront à l'église le dimanche.» Et, de son côté, son mari a dit: «Quand nous rendons visite à tes parents, ils s'attendent à ce que je mette un costume pour aller à l'église le dimanche matin, mais nous, nous fréquentons une église plus moderne. Et je n'ai qu'un seul costume que j'ai acheté pour l'enterrement de ma grand-mère il y a cinq ans; je n'aime pas le porter.»

4. Les travers de vos beaux-parents

Il est aussi possible que vos beaux-parents respectifs aient des comportements qui vous agacent ou qui vous dérangent. Par exemple, vous découvrirez peut-être que votre beau-père sort avec des «copains» tous les jeudis soir et que, généralement, quand il rentre à la maison, il est ivre et insulte sa femme. Peut-être que votre belle-mère parlera régulièrement de ce problème à votre épouse qui, à son tour, vous mettra au courant. Vous souhaiterez pouvoir faire quelque chose, mais vous vous sentirez impuissant. Non seulement le comportement de votre beau-père vous préoccupera, mais en plus, vous serez irrité parce que votre belle-mère reviendra sans cesse sur le sujet avec votre épouse et que, à chaque fois, cette dernière sera dans tous ses états.

> Celui qui écoute avec empathie
> ne porte aucun jugement sur l'autre
> tant qu'il n'est pas certain
> d'avoir réellement compris ce qu'il veut dire.

Megan, qui était mariée depuis cinq mois, m'a dit lors d'un entretien: «Ma belle-mère est la femme la plus organisée et méthodique que je connaisse. Vous devriez voir ses armoires.

Chaque chaussure est à sa place et toutes ses tenues sont rangées par couleur. Le problème, c'est que je ne suis pas très organisée et que, quand elle vient chez nous, elle me donne des conseils censés 'me faciliter la vie'. Je regrette, mais ça ne me correspond tout simplement pas. En plus, je n'ai pas le temps de ranger ma maison comme elle.»

5. Les convictions religieuses de vos beaux-parents

Vos beaux-parents seront peut-être aussi profondément attachés à des principes religieux qui différeront des vôtres. Un jeune époux a dit: «Chaque fois que je suis avec son père, il cherche à me convaincre que sa manière de concevoir la vie chrétienne est la bonne. Je suis chrétien, mais je ne suis pas aussi dogmatique et prétentieux que lui. Je pense que la foi est une affaire personnelle et je n'apprécie pas qu'il fasse ainsi pression sur moi pour que je sois d'accord avec lui.»

Suzanne, qui a grandi dans une famille luthérienne, a dit: «Sa famille vient d'un milieu baptiste et ils n'arrêtent pas de me dire que je devrais me faire baptiser. J'ai été baptisée enfant et je ne ressens pas la nécessité de me faire à nouveau baptiser. Pour eux, ça semble être un grand problème. Je ne comprends pas.»

Apprendre à écouter

A propos de ces questions et de bien d'autres, vous vous rendrez compte que vos beaux-parents, comme tout individu, ont des pensées, des sentiments et des désirs qui leur sont propres. Et il est très possible que ceux-ci diffèrent des vôtres. Comment, alors, pourrez-vous apprendre à bien vous entendre avec eux?

Tout d'abord, il vous faudra apprendre à les écouter en essayant de réellement comprendre ce qu'ils pensent, ce qui les a conduits à telle ou telle conclusion et ce qu'elle représente pour eux.

Par nature, la plupart du temps, nous avons du mal à écouter. Nous écoutons souvent juste suffisamment longtemps pour pouvoir émettre une objection, puis pour entrer dans des débats interminables et inutiles. Mais celui qui écoute avec empathie ne porte aucun jugement sur l'autre tant qu'il n'est pas certain d'avoir réellement compris ce qu'il veut dire. Cela implique parfois de lui demander de préciser sa pensée: «Si je comprends bien, tu dis que… C'est bien ça?» ou: «Il me semble que tu me demandes de… C'est bien ça?»

En commençant votre phrase par «je»,
vous montrez qu'il s'agit de la façon
dont *vous* ressentez les choses.

Une fois que vous avez écouté la personne suffisamment longtemps pour comprendre clairement ce qu'elle veut dire et ce que sa conviction représente pour elle, vous êtes libre de donner votre avis sur la chose. Puisque vous l'avez écoutée sans la juger, il lui sera plus facile d'entendre votre point de vue.

Pour pouvoir l'écouter avec empathie, vous ne devez pas nécessairement être d'accord avec ses idées. En revanche, il est important que vous soyez courtois à son égard, que vous lui parliez gentiment et que vous respectiez ses opinions. S'il en est ainsi, il y a de fortes chances pour que la personne respecte à son tour vos points de vue et vous parle gentiment. C'est ainsi que naissent la compréhension et le respect mutuels.

Lorsque vous parlez avec vos beaux-parents, parlez toujours pour vous-même. Au lieu de dire: «Vous me faites de la peine en disant que…» dites plutôt: «Je me sens blessé(e) quand je vous entends dire que…» En commençant votre phrase par «je», vous montrez qu'il s'agit de la façon dont *vous* ressentez les choses. Si, au contraire, vous la commencez par «vous», vous les accusez, et ils réagiront probablement de manière défensive.

Dans le cas du beau-père alcoolique, le mari peut dire à sa belle-mère: «Je me sens frustré quand Aurélie me raconte que, chaque fois que vous discutez avec elle, vous lui parlez du problème d'alcool de votre mari et de son comportement grossier à votre égard. En fait, je me demande si vous aimeriez que nous fassions quelque chose. Et si c'est le cas, que pensez-vous que nous pourrions faire?» Cette entrée en matière donnera certainement lieu à un échange constructif.

Apprendre à vous mettre d'accord

Ensuite, pour développer de bonnes relations avec la famille de votre petit(e) ami(e), il est important d'apprendre à parvenir à un accord lorsqu'il y a des divergences de vues. Pour que cela soit possible, il faut que quelqu'un fasse une proposition. Par exemple, Jérémie a dit à ses beaux-parents: «Je sais que vous aimeriez qu'on passe Noël avec vous et, bien sûr, mes parents ont le même désir. Puisque vous habitez à 800 kilomètres les uns des autres, il est évident que nous ne pourrons pas être aux deux endroits en même temps. Est-ce qu'on ne pourrait pas alterner entre *Thanksgiving*[1] et Noël? On pourrait passer Noël avec vous, et *Thanksgiving* avec ma famille. Et l'année prochaine, on ferait l'inverse. J'essaie juste de trouver une solution qui convienne à nos deux familles.»

Jérémie a fait une proposition. Ensuite, ses beaux-parents ont eu la possibilité de l'accepter, de la modifier ou d'en faire une autre. L'écoute et le respect mutuels favorisent le consensus. C'est ainsi qu'on parvient à trouver une solution qui convienne à chacun. Alors, la relation s'en trouve renforcée.

En posant des questions
au lieu d'être dans l'exigence,
on facilite la compréhension mutuelle.

1 Signifie «jour d'action de grâces»; importante fête américaine célébrée en novembre. (N.d.E.)

Il est indispensable de discuter si l'on veut pouvoir trouver un accord en cas de divergences de vues au sujet des jours de fête, des traditions, des attentes, des comportements difficiles à vivre et des convictions sur le plan de la foi. Au Psaume 133.1, David écrit: «Oh! Qu'il est agréable, qu'il est doux pour des frères de demeurer ensemble!» C'est en cherchant des solutions qu'on parvient à l'unité.

En posant des questions au lieu d'être dans l'exigence, on facilite la compréhension mutuelle et la «négociation». Voici ce que Tim a expliqué à ses parents: «Nous aimons beaucoup vous avoir à la maison et passer du temps avec vous. Mais j'ai une demande: Est-ce que, plutôt que de nous faire la surprise, vous pourriez nous téléphoner à l'avance pour que nous puissions voir si le moment de votre visite convient? Je vous demande ça parce que, jeudi dernier, par exemple, j'ai dû travailler jusqu'à minuit pour arriver à terminer mon rapport, une fois que vous étiez partis. J'aurais préféré qu'on se voie vendredi soir, car là, j'aurais été libre. Vous voyez ce que je veux dire? Ce serait possible pour vous?»

Tim a fait une proposition et formulé une demande. Ses parents pouvaient soit l'accepter, soit s'y opposer, soit proposer autre chose, par exemple de venir toujours le même soir de la semaine, à moins d'un empêchement. Quoi qu'il en soit, en procédant ainsi, Tim a pu garder une bonne relation avec eux.

Apprendre leur langage d'amour

Un dernier élément permettant de développer des relations saines et positives avec votre belle-famille est d'apprendre le langage d'amour fondamental de vos beaux-parents et de le «parler» régulièrement. S'ils se sentent véritablement aimés, cela créera un climat positif et propice à la discussion en cas de divergences de vues. Rien ne communique mieux l'amour qu'un langage d'amour approprié.

Si vous ne connaissez pas celui de vos beaux-parents, vous pourriez leur offrir *Les langages de l'amour. Les actes qui disent «je t'aime»*. Une fois qu'ils auront lu ce livre et compris ce qu'est un langage d'amour, ils accepteront peut-être d'en discuter avec vous. Vous pouvez aussi leur dire quel est votre langage d'amour principal. Lorsque les membres d'une famille parviennent à s'exprimer leur amour de manière à être compris, cela favorise de bonnes relations.

Karolyn et moi n'avons pas vécu de grandes difficultés dans le contact avec nos familles respectives. Les deux premières années de notre mariage, nous habitions si loin d'elles que nous ne les voyions qu'à Noël. Heureusement, elles habitaient dans la même ville. Nous passions ainsi la veille de Noël dans ma famille et le jour de Noël dans celle de ma femme. Nous les voyions très peu, mais les relations étaient bonnes.

Le père de Karolyn était décédé avant notre mariage. Une fois que j'ai eu terminé mes études, nous nous sommes rapprochés de nos familles. Ma belle-mère m'aimait beaucoup. Son langage d'amour était les *actes de service*. Après avoir repeint sa maison, j'étais vraiment «dans ses petits papiers». Mes parents étaient serviables et conciliants, et ils ne s'imposaient pas. Je n'aurais certainement pas été en mesure de gérer des conflits familiaux.

Karolyn et moi n'avions jamais discuté de ce sujet. Je prends maintenant conscience de la naïveté qui était la nôtre alors. Après avoir reçu des centaines de couples dans mon bureau, je me rends compte que nous étions une exception.

La question de la relation des enfants
avec un beau-père ou une belle-mère
est la plus grande source de conflits
dans les familles recomposées.

Pour développer de bonnes relations avec des beaux-parents, il faut généralement y consacrer du temps et des efforts. J'espère que ce chapitre vous aidera à discerner les éventuels sujets de discorde avec les vôtres et à réfléchir à la manière dont vous vous y prendrez pour régler les différends. Plus vous vous préparerez dans ce domaine avant le mariage, moins vous serez surpris après.

Discutez-en

Comment vos familles respectives ont-elles l'habitude de fêter Noël et d'autres fêtes importantes? Réfléchissez à ce qui, dans ce domaine, pourrait être une source de conflits.

Vos familles respectives sont-elles profondément attachées à certaines traditions qui ne sont pas nécessairement en lien avec les anniversaires ou les jours de fête? Si oui, de quelles traditions s'agit-il?

Quelles sont, à votre avis, les attentes de vos futurs beaux-parents à votre égard? Si vous avez des frères et sœurs ou des amis qui sont déjà mariés, vous pourriez leur demander à quelles attentes ils ont dû faire face pour leur part.

Comme tout un chacun, les beaux-parents ont certaines habitudes particulières. Les unes sont bonnes (p. ex. jouer au tennis le samedi), les autres sont mauvaises (p. ex. s'enivrer un soir par semaine). Quelles sont les habitudes de vos parents respectifs? Qu'est-ce qui vous agace chez eux? Parlez-en entre vous.

Quelles sont les positions doctrinales de vos parents à chacun? Echangez avec votre fiancé(e) à ce sujet et réfléchissez à ce qui pourrait vous mettre mal à l'aise.

Lorsque vous ne partagez pas les opinions de vos parents, parvenez-vous à ne pas les juger et à les écouter avec empathie, afin de pouvoir ensuite leur donner une réponse pertinente? Donnez un exemple d'une fois où vous avez bien su écouter et d'une fois où, au contraire, vous n'avez pas été à leur écoute.

Quand vous avez l'un et l'autre des avis différents, commencez-vous généralement vos phrases par «tu» ou par «je»? Discutez-en ensemble et apprenez à parler pour vous plutôt que d'accuser l'autre.

Lorsque deux personnes ont des divergences de vues, il leur faut arriver à se mettre d'accord. Y parvenez-vous? Comment? Donnez des exemples.

Le fait de formuler une demande au lieu d'être dans l'exigence facilite la compréhension mutuelle et la «négociation». Vous est-il déjà arrivé de formuler des demandes qui, en réalité, ressemblaient à des exigences? Si oui, racontez. Aidez-vous mutuellement à exprimer vos requêtes de manière à ce qu'elles ne ressemblent pas à des exigences.

Connaissez-vous le langage d'amour fondamental de vos parents? Et celui de vos beaux-parents? Si oui, parvenez-vous à «parler» ce langage? Comment? Et si non, de quelle manière pourriez-vous le découvrir?

Si la personne que vous pensez épouser a déjà des enfants, je vous recommande vivement d'en discuter ensemble. La question de la relation des enfants avec un beau-père ou une belle-mère est la plus grande source de conflits dans les familles recomposées.

11. «Si seulement j'avais su… que la vie chrétienne ne se résume pas à aller à l'église»

Neuf mois après leur mariage, Jill et Matt sont venus me voir pour un entretien.

– Nous avons un problème que nous ne parvenons pas à résoudre, m'a dit Jill.

– Et quel est donc ce problème? ai-je demandé.

– Matt ne veut plus m'accompagner à l'église. Il dit que le culte l'ennuie et qu'il se sent «plus proche de Dieu sur le terrain de golf». C'est comme ça que, depuis un mois, il va jouer au golf pendant que, de mon côté, je vais à l'église. Je trouve que ce n'est pas juste. Je n'aurais jamais pensé que les choses se passeraient de cette manière. Avant qu'on se marie, il m'accompagnait tous les dimanches au culte. Et il semblait y aller volontiers. Nous discutions ensemble de la prédication. Il m'avait dit qu'il était chrétien, mais comment peut-on être chrétien et ne pas vouloir aller à l'église? Il dit que je le juge, et c'est peut-être le cas, en effet. Mais tout ça me fait énormément de peine, et je commence à croire que nous avons peut-être fait une erreur en nous mariant.

Jill attachait beaucoup d'importance au fait d'aller à l'église, mais Matt avait un point de vue totalement différent sur la vie chrétienne. Il n'avait pas grandi dans l'église. Alors qu'il était étudiant, il s'était joint à un groupe biblique universitaire, puis, après avoir assisté aux réunions, lu la Bible et différents livres chrétiens durant plusieurs mois, il en était arrivé à se considérer comme un chrétien. Lorsque Jill et lui se fréquentaient, il l'accompagnait à l'église tous les dimanches et cela l'intéressait. Mais maintenant qu'il avait terminé ses études et qu'il travaillait à plein temps, il trouvait les cultes beaucoup trop prévisibles et les messages donnés peu instructifs. Il se sentait «plus proche de Dieu sur le terrain de golf». Et il ne comprenait pas pourquoi aller à l'église était si important pour Jill.

La question des convictions religieuses
de chacun doit être une des premières
à aborder pour un couple
qui envisage le mariage.

Elle était profondément découragée. La participation au culte avec d'autres frères et sœurs dans la foi faisait pour elle partie des bases de la vie chrétienne. Elle ne pouvait pas concevoir qu'un bon chrétien n'aille pas à l'église.

– Comment ferons-nous quand nous aurons des enfants? a-t-elle demandé. Je ne peux pas supporter l'idée que mes enfants n'aillent pas à l'église.

– Jill, nous n'avons pas d'enfants pour l'instant, a rétorqué Matt. On s'occupera de ce problème en temps voulu.

C'est un exemple parmi de nombreux autres: durant toutes ces années, j'ai eu dans mon bureau bien des couples qui rencontraient des problèmes parce qu'ils n'avaient pas les mêmes convictions sur le plan de la foi. Et je me suis rendu compte que cette question était souvent la dernière à être discutée pendant la période des fréquentations. En fait, beaucoup n'en parlent même jamais. En tant que conseiller conjugal, je trouve cela profondément décevant.

Ayant fait des études d'anthropologie, je m'intéresse beaucoup aux recherches et aux découvertes qui se font dans ce domaine. Les anthropologues sont notamment parvenus à la conclusion que l'homme était par nature un être profondément religieux. A travers les siècles, toutes les cultures ont eu leurs croyances spécifiques en ce qui concerne le monde invisible. De la mythologie de l'Antiquité gréco-romaine aux croyances animistes de certaines populations tribales, toujours l'homme a eu la conviction qu'il y avait plus que la réalité matérielle.

L'anthropologie a aussi montré que ces différents systèmes de croyances influencent grandement le comportement et la manière de vivre de leurs adeptes. C'est vrai pour les religions primitives, comme on les appelle, mais aussi pour les religions plus récentes, telles que le judaïsme, la foi chrétienne, le bouddhisme, l'hindouisme et l'islam.

Par conséquent, la question des convictions religieuses de chacun doit être une des premières à aborder pour un couple qui envisage le mariage. Il est important de vous demander:

> «Nos convictions sont-elles compatibles?»
> «Sommes-nous sur la même longueur d'onde?»

Les divergences de vues entre des époux sur le plan spirituel peuvent provoquer des conflits conjugaux comme peu d'autres sujets sont susceptibles de le faire. C'est d'ailleurs pour cette raison que, dans la plupart des religions, on encourage les gens à se marier avec des personnes de même conviction.

Il nous est dit dans la Bible, en 2 Corinthiens 6.14-16:

> Ne formez pas un attelage disparate avec des incroyants. En effet, quelle relation y a-t-il entre la justice et le mal? Ou qu'y a-t-il de commun entre la lumière et les ténèbres? Quel accord y a-t-il entre Christ et le diable? Ou quelle part le croyant a-t-il avec l'incroyant? Quel rapport peut-il y avoir entre le temple de Dieu et les idoles?

C'est là un sujet essentiel, que les couples sages ne manqueront pas d'aborder. Mais de quoi faut-il tenir compte? Quelles sont les questions qu'il importe de se poser? Premièrement, il y a votre *conception de Dieu.*

Quelle est votre conception de Dieu?

La Bible commence par ces mots: «Au commencement, Dieu créa le ciel et la terre» (Genèse 1.1). Et quelques paragraphes plus loin, il est dit: «Dieu créa l'homme à son image, il le créa à l'image de Dieu. Il créa l'homme et la femme» (Genèse 1.27). Ces paroles sont-elles à prendre au sens propre? Y a-t-il réellement un créateur transcendant, distinct de sa création et tout-puissant, qui a non seulement créé l'univers mais qui a aussi créé l'homme à son image? Ou faut-il considérer cela comme un mythe? Vos réponses à ces questions auront un profond impact sur votre perception de l'être humain et sur votre façon de vivre.

Si vous croyez que Dieu existe, qu'il est le créateur de toute chose et qu'il contrôle l'univers, la deuxième question qui se pose est celle-ci: «Dieu a-t-il réellement parlé?» En Hébreux 1.1-3, il est dit:

> Après avoir autrefois, à de nombreuses reprises et de bien des manières, parlé à nos ancêtres par les prophètes, Dieu, dans ces jours qui sont les derniers, nous a parlé par le Fils. Il l'a établi héritier de toute chose et c'est par lui aussi qu'il a créé l'univers. Le Fils est le reflet de sa gloire et l'expression

> de sa personne, il soutient tout par sa parole puissante. Après avoir accompli au travers de lui-même la purification de nos péchés, il s'est assis à la droite de la majesté divine dans les lieux très hauts.

Voici donc la base de la doctrine chrétienne: Dieu a parlé par les prophètes d'autrefois, dont la vie et les messages nous sont rapportés dans l'Ancien Testament; Jésus-Christ est le Messie annoncé, le Fils de Dieu; il a pris sur lui la condamnation que méritaient les hommes à cause de leur péché, afin que Dieu puisse leur pardonner tout en demeurant parfaitement juste; par conséquent, les chrétiens désirent encourager tous ceux qu'ils côtoient à accepter Jésus comme leur Sauveur, à recevoir le pardon de Dieu et à connaître son amour.

Vos réponses aux questions qui suivent montreront si vous êtes compatibles sur le plan spirituel (ce sont des questions *fondamentales* auxquelles il importe de répondre avec honnêteté):

- ◊ Y a-t-il un Dieu qui a créé l'univers et créé l'homme à son image?
- ◊ Ce Dieu a-t-il parlé?
- ◊ Si oui, comment a-t-il parlé?
- ◊ Qu'a-t-il dit et comment ai-je répondu à son message?

J'ai constaté que bien des gens parvenaient à l'âge adulte sans avoir jamais pris le temps de vraiment réfléchir à ce qu'ils croyaient. Souvent, ils se disent bouddhistes, hindouistes ou chrétiens simplement parce qu'ils ont grandi dans une famille bouddhiste, hindouiste ou chrétienne. Mais c'est une étiquette purement culturelle. Ils n'ont pas réellement étudié personnellement les fondements de leur religion. De même qu'on ne choisit pas sa famille, on ne choisit pas le milieu religieux dans lequel on vient au monde.

Cependant, en tant qu'adultes, nous avons la responsabilité de chercher la vérité, et ce dans tous les domaines. Si vous vous rendez compte que votre pratique religieuse est uniquement culturelle, je vous encourage à prendre le temps de réfléchir à la manière dont elle est devenue celle de votre famille, puis à étudier la doctrine sur laquelle elle repose. Ensuite, discutez ouvertement de votre cheminement avec la personne que vous fréquentez. Si vous ne pouvez pas être vrais et honnêtes sur ces questions *avant* le mariage, il y a de fortes chances pour que vous ne le soyez pas après et que vos convictions respectives deviennent une source de conflits.

A quelle dénomination appartenez-vous?

J'aimerais maintenant faire réfléchir mes lecteurs chrétiens à d'autres questions qu'il me paraît nécessaire d'aborder avant de prendre ou non la décision de se marier. Nous savons tous qu'au sein de la chrétienté, il existe une grande diversité de confessions et dénominations. Les trois grandes confessions chrétiennes sont la foi orthodoxe, le catholicisme et le protestantisme. Si ces trois confessions s'accordent sur certains dogmes de base comme la divinité de Christ, sa mort sacrificielle sur la croix et sa résurrection d'entre les morts, elles présentent aussi de vraies divergences sur de nombreux autres sujets.

Vous marier simplement
parce que vous êtes «amoureux»,
sans tenir compte de ce qu'impliquent
vos différences sur le plan des convictions
religieuses, est un signe d'immaturité.

Par conséquent, si la personne que vous envisagez d'épouser n'est pas de la même confession que vous, je vous encourage vivement à étudier ensemble la doctrine sur laquelle reposent vos confessions respectives, puis à discuter de ce qui les sépare. Vous marier simplement parce que vous êtes «amoureux», sans tenir compte de ce qu'impliquent vos différences sur le plan des convictions religieuses, est un signe d'immaturité.

Et si vous appartenez tous deux à la même confession, il faut savoir qu'au sein d'une confession donnée, il y a souvent plusieurs courants. Ainsi, à l'intérieur du protestantisme, il existe diverses dénominations: réformée, baptiste, méthodiste, pentecôtiste, pour n'en citer que quelques-unes. Il y a aussi des églises indépendantes, qui ne sont pas rattachées à une dénomination particulière. Les convictions doctrinales et la pratique religieuse peuvent être très différentes d'une dénomination à l'autre. Il est donc important que vous preniez vraiment le temps d'y réfléchir avant de vous engager dans le mariage.

Qu'est-ce qu'un chrétien?

Après avoir abordé la question des différences de doctrine et de pratiques qui existent entre les diverses confessions et dénominations chrétiennes, j'aimerais maintenant considérer l'aspect personnel de la foi. Nous l'avons tous constaté: il y a plusieurs niveaux d'engagement parmi les chrétiens. Pour certains, par exemple, être chrétien, c'est aller à l'église à Pâques et à Noël. En dehors de ces fêtes, leur foi ne semble pas avoir beaucoup d'impact sur leur vie.

> Il est évident qu'il y a une grande différence
> entre un chrétien de nom
> qui ne va à l'église qu'à Pâques et à Noël
> et un chrétien de cœur
> qui lit sa Bible tous les jours.

D'autres, en revanche, vont régulièrement à l'église. Ils y vont une fois par semaine, pour une durée d'une à trois heures, en fonction du type de culte, ou bien plus souvent, selon le nombre de réunions qui ont lieu. Parfois, ils sont aussi engagés dans des groupes de maison. Ces petites communautés permettent à leurs membres de recevoir un soutien spirituel et d'apprendre à mettre en pratique les enseignements de l'Ecriture au quotidien. Les contacts fraternels y sont très étroits.

Les croyants sont prêts à se sacrifier les uns pour les autres et ont le désir d'être vrais les uns envers les autres. Ils sont aussi ouverts sur l'extérieur et aiment servir leur prochain de manière concrète, là où ils habitent.

Généralement, ces chrétiens prennent chaque jour le temps de lire la Bible, d'écouter Dieu leur parler à travers elle et de lui répondre par la prière. Ils lui exposent honnêtement leurs soucis et leurs questions, le remercient pour son intervention en leur faveur et lui adressent leurs requêtes. Ce temps de méditation quotidienne de l'Ecriture est pour eux extrêmement précieux. Leur foi est basée sur l'amour de Dieu et sur une relation personnelle avec Christ.

Vous l'aurez compris, il est essentiel de savoir quel genre de chrétien(ne) est la personne que vous fréquentez. Quel est son niveau de consécration et d'engagement dans l'église? La foi est-elle pour lui (elle) quelque chose d'important? Et quel impact a-t-elle sur sa vie personnelle? Il est évident qu'il y a une grande différence entre un chrétien de nom qui ne va à l'église qu'à Pâques et à Noël et un chrétien de cœur qui lit sa Bible tous les jours.

Une jeune femme m'a dit un jour: «Avec André, on s'est fréquentés pendant trois ans. Au début, il m'a dit qu'il était chrétien. Comme nous avons beaucoup en commun, nous avons passé vraiment d'excellents moments ensemble. Mais avec le temps, je me suis rendu compte que nous n'étions pas sur la même longueur d'onde spirituellement parlant. Pour lui, la foi chrétienne n'est qu'une religion qui se pratique le dimanche mais qui n'a pas beaucoup d'impact sur sa façon de vivre et sur les décisions qu'il prend. Pour moi, c'est toute ma vie. Rien ne m'importe plus que de me donner pour servir Christ. Je me rends compte que nous ne disposons pas de la base spirituelle commune qui permet de construire un mariage centré sur Christ. Par conséquent, je préfère rompre.»

Je pense que cette jeune femme a fait preuve d'une très grande maturité. Puisque, pendant trois ans, elle a vu peu de changements chez son petit ami concernant sa relation avec Dieu et son engagement dans l'église, il y avait de fortes chances pour que les choses restent telles quelles après le mariage. Penser le contraire aurait été naïf. En réalité, quelques années plus tard, elle a épousé un jeune homme qui était autant engagé qu'elle dans la foi et, aujourd'hui, tous deux construisent un foyer dont Christ est véritablement le centre.

Bien des couples qui fréquentent n'abordent pas la question de la vie spirituelle. Ils supposent simplement qu'elle se réglera d'elle-même après le mariage. D'autres en parlent ouvertement, cependant, ils ne tiennent pas compte des signaux d'alarme. Ils sont tellement amoureux l'un de l'autre, tellement heureux quand ils sont ensemble, qu'ils s'imaginent pouvoir se rendre mutuellement heureux toute leur vie. Et, ainsi, ils ferment les yeux sur les énormes différences de point de vue qu'ils ont au sujet de la foi.

Jill et Matt, pour leur part, ont fini par parvenir à une unité sur le plan spirituel. Après plusieurs entretiens au cours desquels je les ai aidés à s'écouter l'un l'autre et à saisir à quel point cette question était importante pour eux, ils ont pu quitter le terrain de la confrontation. Ils ont cherché à se comprendre et appris à résoudre leur différend comme des amis au lieu de chacun vouloir avoir raison. Et ils n'ont pas tardé à trouver une solution.

Matt a accepté d'arrêter le golf le dimanche matin pour accompagner Jill au culte. De son côté, Jill a accepté de chercher avec lui une autre église où il se sentirait plus à l'aise. Ils l'ont trouvée et, aujourd'hui, non seulement ils y vont ensemble, mais ils sont aussi engagés dans l'enseignement des enfants. Ils ont d'ailleurs un fils de 3 ans, et ils sont heureux d'avoir pu parvenir à une unité sur le plan spirituel avant sa naissance.

◊ ◊ ◊

La question des convictions religieuses est souvent un sujet très sensible qui nous touche au plus profond de nous-mêmes. Même les athées défendent avec ténacité leurs idées, et celles-ci influencent leur façon de considérer la vie. Dans ce sens, bien qu'ils nient l'existence de Dieu, ils sont profondément religieux.

Puisque cette question a un impact sur tous les domaines de votre vie, il est très important que vous vous demandiez, avant de vous marier, si les convictions spirituelles que vous avez l'un et l'autre sont réellement compatibles. J'espère que ce chapitre vous aidera dans ce sens.

Discutez-en

Quelles sont les convictions religieuses de vos parents aujourd'hui?

Où en êtes-vous, dans votre cheminement spirituel? Avez-vous adopté les convictions religieuses que vous ont inculquées vos parents? Les avez-vous au contraire rejetées? Ou les avez-vous reprises seulement partiellement?

Quelle est votre conception de Dieu?

A quelle dénomination appartenez-vous?

Etes-vous actif(ve) dans l'église que vous fréquentez?

Vos convictions religieuses ont-elles un impact sur votre vie quotidienne? Expliquez.

Si vous envisagez le mariage, discutez de vos réponses avec la personne que vous fréquentez.

Pensez-vous avoir suffisamment en commun avec cette personne sur le plan spirituel pour parvenir à une unité une fois que vous serez mariés?

12. «Si seulement j'avais su… que le tempérament influe grandement sur le comportement»

Chaque être humain est unique, c'est une réalité que personne ne conteste. Mais comment cela se traduit-il, concrètement? Personnellement, j'aurais aimé savoir avant de me marier que ces traits de caractère qui font de nous des êtres uniques auraient un tel impact sur notre vie de couple.

Avant d'épouser Karolyn, je me disais qu'il serait merveilleux de me lever tous les matins pour prendre mon petit-déjeuner avec elle. Mais après notre mariage, j'ai découvert qu'elle n'était *pas* du matin. Le petit-déjeuner n'était pas «son truc». En réfléchissant, je me suis rappelé que, pendant nos fréquentations, elle m'avait dit une fois: «Ne me téléphone pas le matin. Je ne réponds pas de mes paroles ou de mes actes avant midi.» A l'époque, j'ai pris cela pour une plaisanterie, et j'ai ri de bon cœur. En fait, je ne l'ai jamais appelée le matin parce que j'étais occupé à mes «propres affaires». Cependant, une fois marié, j'ai découvert qu'elle m'avait parlé sérieusement. Le rêve d'un petit-déjeuner romantique en compagnie de mon épouse a volé en éclats dès le premier mois de notre vie à deux. J'ai dû m'habituer à déjeuner seul, avec le chant des oiseaux comme bruit de fond.

De l'autre côté, avant notre mariage, Karolyn s'imaginait qu'entre 22 et 24 heures, nous aurions le temps de faire des tas de choses: elle pensait que nous pourrions lire ensemble des livres et en discuter, regarder des films, jouer à des jeux de société stimulants sur le plan intellectuel ou nous entretenir de grandes questions existentielles. Mais ce qu'elle ne savait pas, c'est que mon «moteur» physique, émotionnel et intellectuel s'arrêtait vers 22 heures. Après cette heure-là, ma capacité à tenir une conversation intéressante diminuait grandement. Il est vrai que, pendant la période des fréquentations, nous étions souvent ensemble jusqu'à minuit. Mais à ce moment-là, j'étais porté par l'euphorie que procure le sentiment amoureux. Le plaisir que j'avais de me trouver en compagnie de celle que j'aimais et de faire des choses avec elle me maintenait en mouvement. Et elle était loin de penser que les choses changeraient après le mariage.

Une personne qui est du matin
ne deviendra jamais quelqu'un du soir,
et vice-versa.

Nous ignorions tous deux qu'il y a des «personnes du matin» et des «personnes du soir». Les premières se réveillent en pleine forme et sautent hors du lit pour affronter la journée avec joie, tandis que les secondes se recroquevillent sous la couette et se disent: *Il (elle) doit quand même exagérer un peu; personne ne peut être aussi enthousiaste tôt le matin!* En fait, le moment préféré de la personne du soir commence à 22 heures… C'est à ce moment-là qu'elle aime lire, peindre, jouer à des jeux de société et faire des choses qui demandent de l'énergie, alors que la personne du matin n'en peut plus.

Cette différence de tempérament peut avoir un profond impact sur la vie sexuelle du couple. En effet, la personne du matin désire aller au lit à 22 heures, se blottir contre son époux(se) et avoir des relations avec lui (elle), tandis que la personne du soir dit: «Tu plaisantes, je ne peux pas me coucher si tôt!» La personne du matin risque alors de se sentir rejetée, et celle du soir de se sentir contrôlée. Cela peut réellement conduire à des disputes et causer des frustrations. Y a-t-il de l'espoir pour de tels couples?

Oui, certainement, s'ils choisissent de respecter leurs différences et de trouver une solution qui convienne à chacun. Par exemple, la personne du soir peut accepter d'avoir des relations sexuelles à 22 heures, si la personne du matin lui permet de quitter la chambre ensuite pour retourner à ses occupations jusqu'à minuit. Cependant, si la personne du matin insiste pour que la personne du soir reste au lit après l'acte conjugal, celle-ci pourra se sentir dominée et contrôlée, et cela engendrera chez elle de la frustration.

Une personne qui est du matin ne deviendra jamais quelqu'un du soir, et vice-versa. Cela fait partie du tempérament propre à chacun. Certes, nous pouvons nous forcer à être alertes à des heures qui ne sont pas les nôtres, mais cela nous demandera toujours un effort.

Si Karolyn et moi avions compris avant le mariage que je suis quelqu'un du matin et qu'elle est du soir, et si nous avions profité de la période des fréquentations pour discuter de cette différence de tempérament, nous nous serions évité bien des souffrances. Je ne me serais pas senti rejeté parce qu'elle ne prenait pas son petit-déjeuner avec moi, et elle ne se serait pas sentie dominée parce que j'insistais pour qu'elle se couche vers 22 heures. Oui, je regrette que nous n'ayons pas été conscients de cette réalité avant le mariage, car le caractère influe grandement sur le comportement.

Optimistes ou pessimistes?

Considérons une autre différence de tempérament dont les couples ne sont généralement pas conscients avant le mariage: le caractère pessimiste et le caractère optimiste, qui sont d'ailleurs facilement attirés l'un vers l'autre. L'optimiste voit le verre à moitié plein; le pessimiste le voit à moitié vide. L'optimiste voit les possibilités, tandis que le pessimiste voit les problèmes.

Pendant les fréquentations,
nous partons du principe que l'autre
considère le monde
de la même manière que nous.

Pendant les fréquentations, nous partons du principe que l'autre considère le monde de la même manière que nous. Chacun étant sous le charme, nous cherchons à nous faire mutuellement plaisir, et cette différence de tempérament peut rester cachée.

L'optimiste a plus tendance à prendre des risques parce qu'il est convaincu que tout ira bien. Prenons un exemple: un jeune homme de ce tempérament propose à sa fiancée de faire une sortie à moto. Si celle-ci est de nature pessimiste, elle n'aime pas les activités à risque, car elle s'imagine toujours le pire scénario. Par conséquent, cette idée ne l'enthousiasme pas. Mais puisqu'elle admire son fiancé et qu'elle lui fait confiance, elle est prête à faire avec lui des choses qu'elle n'aurait jamais faites d'elle-même. Et le jeune homme est enchanté de fréquenter une fille «qui aime l'aventure». Cependant, il ne se rend pas compte que, pour l'accompagner dans certaines de ses activités, elle dépasse de loin ce qu'elle peut supporter en tant normal sur le plan émotionnel.

Deux ans après le mariage, lorsqu'il lui propose d'aller faire de l'escalade, elle refuse catégoriquement. Non seulement cela ne lui fait absolument pas envie, mais elle ne veut pas non plus qu'il y aille, que ce soit seul ou avec des amis. Elle s'imagine déjà devoir finir ses jours veuve et ne peut pas comprendre comment il peut être prêt à prendre un tel risque. Lui, de son côté, est complètement surpris par sa réaction et se demande ce qui est arrivé à son «esprit d'aventure». *Pourquoi est-elle devenue aussi rabat-joie?* se dit-il.

Comme ils n'ont pas pris soin de parler de leurs différences de tempérament avant le mariage, ils se retrouvent entraînés dans un conflit qu'ils ne comprennent ni l'un ni l'autre. En réalité, ils sont tout simplement eux-mêmes: un optimiste et une pessimiste. Mais le problème, c'est qu'ils ne se connaissaient pas sous cet angle avant de se marier. Durant la période des fréquentations, ils étaient aveuglés par l'euphorie du sentiment amoureux. Mais s'ils avaient discuté de ce point, il se serait rendu compte qu'elle ne l'accompagnerait jamais faire de l'escalade ou du parapente et que s'il voulait pratiquer ces sports, il subirait une forte opposition de sa part.

Il y a de grandes chances pour que cette différence de caractère engendre aussi des désaccords dans le domaine de la gestion financière. L'optimiste aura tendance à être un investisseur audacieux; il sera prêt à prendre des risques élevés si cela peut lui rapporter beaucoup. Son épouse, quant à elle, préférera peut-être investir dans des marchés plus stables et plus sûrs. Si le mari se lance dans un investissement à haut risque, cela leur causera quelques insomnies. Et si l'opération tourne mal, sa femme lui reprochera d'avoir agi de façon imprudente avec leur argent. Lui, de son côté, lui en voudra de ne pas le soutenir dans ses projets et lui reprochera de les «priver» du succès.

Pour éviter les tensions liées à ces différences de tempérament, il est nécessaire que l'un et l'autre cherchent à se comprendre, acceptent le fait qu'ils sont différents et ne se condamnent pas pour ce qu'ils sont. Ensuite, il est important qu'ils trouvent un consensus, une solution qui satisfasse chacun. Dans le domaine de l'investissement financier, par exemple, le couple pourra décider de commencer par un placement sûr. Puis, ils pourront se mettre d'accord sur une somme à investir dans un placement à risque. Mais elle devra accepter de ne pas lui faire toutes sortes de reproches s'il perd tout. Et si l'investissement réussit, elle le félicitera et ils se réjouiront ensemble.

Il est essentiel de faire preuve de
compréhension, d'acceptation et de souplesse
l'un envers l'autre,
si l'on veut pouvoir construire un mariage
«qui tienne le coup».

Vous éviterez de nombreuses disputes inutiles au sujet de la gestion des finances si vous parvenez à vous mettre d'accord sur ces questions avant de vous marier. Et ce principe est valable dans de nombreux autres domaines susceptibles de faire ressortir les différences de tempérament. En effet, dans bien des situations, l'optimiste et le pessimiste n'auront pas le même avis sur ce qu'il convient de faire. Il est essentiel de faire preuve de compréhension, d'acceptation et de souplesse l'un envers l'autre, si l'on veut pouvoir construire un mariage «qui tienne le coup».

Ordonnés ou désordonnés?

Ensuite, il y a d'un côté les personnes amoureuses de l'ordre et de la propreté et, de l'autre, les personnes désordonnées. «Je n'ai jamais connu quelqu'un d'aussi désordonné que Ben», déplorait Alicia. Combien d'épouses ont dit cela de leur mari à peine une année après le mariage? Notons qu'avant qu'ils s'unissent pour la vie, ce trait de caractère de son époux ne l'avait jamais dérangée. Oh, elle avait probablement remarqué que sa voiture était sale ou que son appartement n'était pas aussi bien rangé qu'elle l'aurait voulu, mais elle s'était dit: *Ben est plus décontracté que moi. C'est bien; ça me plaît. J'ai besoin d'être un peu moins rigide.* Ben, de son côté, la trouvait merveilleuse. *N'est-ce pas formidable qu'elle soit toujours aussi ordonnée?* pensait-il. *Je n'ai plus besoin de m'inquiéter de tout ranger, puisque, maintenant, c'est elle qui s'en occupe.*

Cependant, trois ans plus tard, elle l'accablait de reproches et lui rétorquait: «Je ne comprends pas pourquoi tu t'énerves autant, alors que j'ai juste laissé un peu de vaisselle sale dans l'évier…»

En ce qui concerne l'ordre, certaines personnes adoptent la devise: «Une place pour chaque chose et chaque chose à sa place.» D'autres, en revanche, ne voient pas la nécessité de ranger leurs outils ou leurs habits, par exemple. Ils pensent: *Après tout, j'en aurai peut-être encore besoin dans une ou deux semaines.* Ou ils disent: «Pourquoi est-ce que tu perds ton temps à ramasser les vêtements sales tous les jours? Laisse-les par terre jusqu'à ce que tu fasses la lessive. Ils ne vont pas s'envoler et ça ne me dérange pas de les voir traîner.»

Oui, dans ce domaine aussi, nous ne sommes pas tous pareils, et nous avons du mal à comprendre pourquoi l'autre ne voit pas les choses comme nous. Cette différence de tempérament se remarque facilement, mais il est important de ne pas se voiler la face pendant la période des fréquentations. Regardez dans quel état se trouve son appartement ou sa voiture et vous saurez vite s'il est ordonné ou pas. Observez sa cuisine et sa salle de bains, et vous comprendrez ce qu'il en est pour elle. Si vous vous ressemblez sur ce point, soit vous aurez un appartement impeccable, soit vous serez obligés d'enjamber tout ce qui traîne par terre pour traverser chaque pièce. Mais vous serez tous deux heureux! Si, en revanche, vous êtes différents, c'est le moment de discuter. Regardez la réalité en face et décidez des responsabilités de chacun. Cela vous permettra d'éviter des tensions après le mariage. Si elle accepte de ramasser le linge sale de son mari comme sa belle-mère le faisait quand il était étudiant, c'est bien. Cependant, si elle s'attend à ce qu'il prenne davantage ses responsabilités, alors il doit être prêt à changer ou, sinon, à demander à sa mère de venir ramasser son linge sale tous les jours… Il est certain que des solutions qui conviennent à chacun peuvent être trouvées, mais c'est avant le mariage qu'il faudrait en parler.

Loquaces ou introvertis?

Les différences de tempérament se manifestent aussi dans le domaine de la parole. Certains parlent librement de tout, d'autres sont plus réfléchis, introvertis et expriment moins facilement leurs pensées et leurs sentiments. Je compare souvent les premiers à un «ruisseau qui babille» et les seconds à la «mer Morte». La mer Morte, partagée entre Israël, la Jordanie et la Cisjordanie, est alimentée par les eaux du Jourdain, mais elle n'est reliée à aucun effluent. Bien des personnes sont parfaitement heureuses de ne *pas* parler de tout ce qu'elles ont pu avoir comme pensées et comme réflexions dans une journée, ainsi que de tout ce qu'elles ont pu vivre. Elles disposent d'un «grand réservoir de stockage». Et si vous leur dites: «Qu'est-ce qui ne va pas? Pourquoi tu ne dis rien ce soir?» Elles vous répondront probablement: «Tout va bien. Qu'est-ce qui te fait penser le contraire?» Ce faisant, elles seront tout à fait honnêtes. En effet, elles n'ont simplement pas besoin de parler.

Pour d'autres, ce qui entre par l'œil ou par l'oreille ne peut faire autrement que de ressortir par la bouche. Et généralement, cela prend moins d'une minute. Peu importe ce qu'ils voient ou ce qu'ils entendent, il faut qu'ils en parlent. Et s'il n'y a personne à la maison, ils téléphoneront à quelqu'un et diront: «Tu ne sais pas ce que j'ai entendu?» Ces personnes n'ont aucune «capacité de stockage». Tout ce qu'elles vivent doit être exprimé et raconté.

Souvent, un introverti («mer Morte») épouse une personne loquace («ruisseau qui babille»). Avant le mariage, ces différences semblent attirantes. Celui qui est plutôt introverti a le sentiment qu'il peut se détendre. Il n'a pas à se demander: *Comment vais-je faire pour engager ou entretenir la conversation?* Tout ce qu'il doit faire, c'est de s'asseoir et de dire: «Oui, oui.» La personne loquace, quant à elle, remplira la soirée. Et elle sera très attirée par la personne introvertie, car celle-ci saura vraiment l'écouter. Cependant, cinq ans après le mariage, elle se dira peut-être: *Cela fait cinq ans qu'on est mariés, et je ne le connais pas.* Et lui dira: *Je la connais trop bien. J'aimerais bien qu'elle se taise et me laisse un moment de répit...*

Ces différences se remarquent aussi dans la façon dont chacun raconte une histoire. La personne loquace a tendance à décrire les choses comme un artiste qui peindrait un tableau: si elle relate un événement, elle le fera avec beaucoup de détails et de soin. Par exemple, elle vous dira si le temps était couvert ou si le soleil brillait, elle vous expliquera dans quelle direction soufflait le vent, vous dépeindra la couleur qu'avaient les fleurs sur le côté et le nombre de personnes qui discutaient debout de l'autre côté du parking… L'introverti, en revanche, a tendance à s'en tenir aux faits. S'il raconte la même expérience, il le fera plus brièvement et avec moins de détails. Il ira directement à l'essentiel, tout simplement. Les gens qui ont ce tempérament sont concis.

Dans un couple, celui qui parle peu aura souvent de la peine à écouter le récit long et extrêmement détaillé de la personne plus loquace. Il risquera de l'interrompre en disant: «Tu ne pourrais pas en venir au fait?» A l'inverse, quand la personne loquace l'écoutera raconter tel ou tel événement, elle posera souvent des questions pour obtenir davantage de détails et pour pouvoir mieux s'imaginer la scène.

Ces différences de caractère ne disparaîtront probablement pas avec le temps, et il n'y a pas un tempérament qui soit mieux que l'autre. Cependant, si vous êtes conscients de ces réalités avant le mariage, vous n'essayerez pas vainement de vous changer mutuellement après. La «mer Morte» ne deviendra jamais un «ruisseau qui babille». Ainsi, si vous avez épousé un homme introverti, vous devez accepter de vivre avec quelqu'un qui n'exprime pas facilement tout ce qu'il pense et ressent. La plupart des introvertis sont ouverts aux questions et prêts à parler si on les y invite. Ce n'est pas volontairement qu'ils «retiennent l'information», mais ils ne ressentent tout simplement pas le besoin de faire part aux autres de leurs pensées, de leurs sentiments et de leurs expériences.

Si un mari peut écouter volontiers le flot de paroles qui sort de la bouche de sa femme (ou vice-versa), il aspirera aussi à des moments de silence. C'est pourquoi il se retirera parfois pour vaquer seul à ses occupations. Dans ce cas, il faudra que son épouse comprenne qu'il ne la rejette pas mais qu'il a simplement besoin de calme. Lorsque la question de ces différences de personnalité est abordée avant le mariage, elle risque moins de causer des problèmes après.

Flegmatiques ou dynamiques?

«Certains lisent l'Histoire, d'autres la font», dit un proverbe. Souvent, dans un couple, ces deux types de tempérament sont représentés. Pour la personne dynamique et entreprenante, chaque journée est une nouvelle occasion de poursuivre ses objectifs. Elle fonce pour obtenir ce qu'elle veut ou ce qu'elle croit être juste, ou encore pour faire en sorte que les choses se passent comme elle pense qu'elles doivent se passer. Elle utilisera tous les moyens, retournera chaque pierre et fera tout ce qui est humainement possible pour atteindre les buts qu'elle s'est fixés dans la vie.

La personne plutôt flegmatique aura quant à elle tendance à réfléchir, à analyser les choses, à envisager les différentes éventualités et à attendre qu'une chose qu'elle désire se produise. Sa devise sera: «Tout vient à point pour celui qui sait attendre.»

Avant le mariage, ces traits de caractère donnent l'impression que le couple est complémentaire. La personne dynamique trouve qu'il est apaisant d'être en compagnie de quelqu'un de plus calme, de plus détendu et de plus paisible. Elle apprécie le tempérament posé, équilibré et prévisible de son conjoint. De son côté, celle qui est d'un caractère plutôt flegmatique aime être en compagnie de quelqu'un qui prend des initiatives et qui fait des projets. Elle admire les talents de l'autre et se réjouit de ce qu'il (elle) arrive à faire.

Mais là encore, après le mariage, le couple découvre que ces différences provoquent des conflits. La personne dynamique cherche sans cesse à pousser son conjoint à l'action. «Allez, on peut y arriver!» répète-t-elle. En revanche, le flegmatique persiste à dire: «Il vaut mieux qu'on attende. Peut-être qu'une meilleure solution se présentera plus tard. Ne t'énerve pas autant, tout va s'arranger.»

Peut-on prendre conscience de ces différences durant la période des fréquentations? Oui, tout à fait. Mais le problème, c'est que, généralement, on ne se donne pas la peine d'en parler. En effet, à ce stade, le flegmatique a tendance à se conformer aux désirs de la personne dynamique. Pris par l'enthousiasme que procure le sentiment amoureux, il aime se lancer avec elle dans l'aventure. Il s'oppose rarement à ses idées. Quand ils arrivent ensemble dans un lieu public, il reste là, discute avec un ami et attend de voir ce que lui réserve la soirée, tandis que la personne entreprenante parcourt la salle du regard et prend les choses en main. Et dans la vie en général, elle lui demande souvent de faire ceci ou cela pour que les choses avancent. Mais parce qu'il l'aime, il se conforme à ses désirs. Peut-être est-il même fier d'avoir «fait équipe» avec une personne aussi pleine d'entrain.

Ces deux tempéraments – même si, à la base, on ne peut pas dire que l'un vaille mieux que l'autre – risquent fort de provoquer des tensions après le mariage. En effet, une fois que l'enthousiasme suscité par la passion amoureuse du début a disparu, la personne passive s'oppose plus souvent aux initiatives de son conjoint entreprenant et elle peut se sentir dominée. La personne fonceuse, quant à elle, peut se sentir frustrée, et l'hésitation de son époux(se) peut finir par l'agacer.

Lorsque deux caractères aussi différents sont présents dans un couple, celui-ci peut malgré tout réussir son mariage. Mais il faut pour cela que chacun y mette du sien: le fonceur doit se montrer compréhensif, prendre le temps d'écouter l'autre lui exprimer ses réflexions et reconnaître qu'elles représentent même un atout pour leur vie à deux. Il est toujours bon de «réfléchir avant d'agir». La personne flegmatique le fait beaucoup plus que le fonceur. Mais, pour sa part, elle doit le laisser dépenser son énergie et le laisser agir avant qu'il ne soit trop tard. Si elle ne peut pas se lancer avec lui dans telle ou telle entreprise, elle peut malgré tout tirer à la même corde et l'aider. Ainsi, s'ils apprennent à se compléter l'un l'autre au lieu de s'irriter de ce qui les sépare sur le plan du caractère, ils pourront accomplir ensemble de grandes choses.

Si, avant le mariage, vous pouvez ainsi apprendre à «fonctionner» en équipe, il y a plus de chances pour que vos différences deviennent un atout et non un handicap après.

Rationnels ou intuitifs?

Certaines personnes ont un raisonnement extrêmement logique. En procédant par étapes, elles parviennent à une conclusion qui leur semble s'imposer. D'autres «sentent» tout simplement ce qu'il convient de faire dans une situation donnée. Elles ne peuvent pas vous dire pourquoi ni comment elles en sont arrivées à cette conclusion; elles ont juste la conviction que c'est la bonne décision.

Celui qui a tendance à réfléchir d'une manière logique met en avant la raison, par laquelle, pour lui, toute question doit être résolue: «Nous devons pouvoir expliquer tout ce que nous faisons. Si quelque chose n'est pas logique, nous devrions nous en abstenir.» La personne intuitive, quant à elle, dit: «Nous n'avons pas besoin d'expliquer tout ce que nous faisons. En effet, nous faisons parfois des choses simplement parce qu'elles nous font plaisir. Et nous ne savons pas pourquoi.

Est-ce que j'ai toujours besoin de savoir pourquoi? Je veux pouvoir faire ceci ou cela juste parce que j'en ai envie.»

Si vous voulez forcer l'autre à
«entrer dans votre moule»,
cela risque de provoquer bien des conflits.

Avant le mariage, celui qui considère les choses sous l'angle de la logique peut être amoureux d'une personne qui se fie davantage à sa sagesse intuitive. Et celle-ci est peut-être fière d'aimer quelqu'un qui fait preuve d'une telle logique. Cependant, après le mariage, son côté intuitif et irrationnel finira par rendre fou le défenseur du raisonnement logique, et elle se demandera comment elle peut continuer à partager sa vie avec une personne aussi obnubilée par ce qui est «raisonnable».

Prenons un exemple:

– Ecoute, la tapisserie n'est pas abîmée, ce n'est vraiment pas la peine de la changer, dit un mari à sa femme. Tu ne comprends pas ça?

– Oui, je comprends, répond son épouse, mais je ne supporte plus cette couleur verte!

S'il a plutôt l'esprit logique, il aura du mal à concevoir qu'on puisse prendre des décisions basées sur un simple désir. Et elle, de son côté, ne pourra pas comprendre comment il peut rester à ce point prisonnier de son raisonnement.

Ces différences de personnalité, de même que les autres, passent souvent inaperçues avant le mariage. Il est rare qu'on en parle. Pendant la période des fréquentations, les décisions sont généralement prises simplement parce que l'un et l'autre veulent se faire plaisir. Mais après le mariage, lorsqu'on est placé face à la réalité de la vie, ce désir de se faire mutuellement plaisir n'est plus aussi naturel. Quand les différences se manifestent, la personne qui est attachée à son raisonnement logique a tendance à faire pression sur l'autre pour la conduire à considérer les choses comme elle les voit. Mais cela revient à demander l'impossible. En effet, la personne qui est plutôt intuitive ne considérera jamais la vie selon la logique de son époux(se).

Si vous voulez forcer l'autre à «rentrer dans votre moule», cela risque de provoquer bien des conflits. En fait, il vaut mieux reconnaître que l'une *et* l'autre de ces perspectives (celle de la logique et celle de l'intuition) permettent d'avancer dans la vie. Au lieu de se focaliser sur la manière de parvenir à une conclusion, les conjoints devraient plutôt chercher à arriver à une conclusion qui les satisfasse chacun. Les principes abordés au chapitre 4 concernant la résolution des conflits seront particulièrement utiles aux couples qui ont cette différence de tempérament.

Organisés ou spontanés?

La personne organisée s'intéresse aux détails, tandis que la personne spontanée ne s'en préoccupe pas. La première est habituée à planifier les choses; elle peut par exemple passer des mois à préparer un voyage. Elle visite trois sites Internet différents, cherche le meilleur billet d'avion, veille à ce que la voiture louée soit équipée d'un GPS, réserve les hôtels des semaines à l'avance et choisit avec le même soin les restaurants où ils prendront leurs repas et les activités qu'ils pratiqueront. Et, bien entendu, elle veille à emmener l'équipement nécessaire. La personne spontanée, quant à elle, attend la veille du voyage et dit: «Pourquoi est-ce qu'on n'irait pas au bord de la mer plutôt qu'à la montagne? Il fait tellement beau!» A ce moment-là, celui qui aime que tout soit bien organisé s'effondre, et les vacances deviennent pour lui une véritable épreuve.

Avant le mariage, Stéphanie est impressionnée par les talents d'organisation de Julien: «Tu vérifies le solde de ton compte en banque tous les jours? C'est incroyable!» Mais après le mariage, le ton change: «Tu veux vraiment que je note toutes mes dépenses?? C'est impossible! Personne ne fait ça!» Julien s'empresse alors de lui montrer le carnet où, pour sa part, il inscrit tout ce qu'il dépense. Selon lui, il s'agit simplement de se comporter d'une manière responsable.

Il est aussi très organisé dans sa manière de ranger la vaisselle dans le lave-vaisselle: les assiettes, les plats, les verres… chaque chose a sa place. Stéphanie, elle, procède comme si elle remplissait sa machine à laver le linge. Son objectif est de terminer au plus vite. Elle se dit que le lave-vaisselle fera le reste. Mais Julien ne manque pas de lui faire remarquer qu'à cause de *sa* manière de faire désordonnée, des assiettes sont ébréchées et des verres sont fendus.

Il m'a fallu quant à moi plusieurs années pour comprendre que Karolyn ne remplirait jamais le lave-vaisselle à ma manière. Ce n'était tout simplement pas «son truc». Tous mes conseils restaient lettre morte. Mais j'ai appris à mes dépens qu'il y avait plus important dans la vie que quelques plats fêlés, quelques verres cassés et quelques cuillères sales. Je l'ai laissée être elle-même et, de son côté, elle a volontiers renoncé au remplissage du lave-vaisselle. Quand je n'ai pas le temps de m'en charger parce que je dois partir rapidement à une réunion, elle s'en occupe avec joie et j'accepte les conséquences.

Pour reprendre notre exemple, Julien paie aussi ses factures de façon très méthodique et ordonnée. S'il est en déplacement pour son travail durant quelques jours, il s'attend à ce que Stéphanie rassemble soigneusement les factures sur son bureau afin qu'il puisse les traiter à son retour. Mais il y a de fortes chances pour qu'elle ne se souvienne pas de ce qu'elle a fait du courrier et pour qu'il retrouve les factures dans la voiture, par terre ou sous un coussin du canapé… Il ne comprendra alors pas comment son épouse peut être aussi négligente, et elle ne comprendra pas comment son mari peut être aussi exigeant.

Cette différence de tempérament risque de créer de fortes tensions. Mais si l'un et l'autre sont attentifs, ils s'en apercevront déjà pendant la période des fréquentations. Malheureusement, là encore, beaucoup n'y prennent pas garde. Si l'organisateur se rend compte que celle qu'il aime est plutôt spontanée et peu attachée à l'organisation, aveuglé par l'amour, il s'enthousiasmera certainement pour ses idées spontanées et admirera ce trait de caractère différent du sien. Et si la personne spontanée remarque que celui qu'elle aime est particulièrement organisé, elle s'émerveillera probablement de ce trait de caractère et lui fera peut-être même des compliments.

Cependant, si l'un et l'autre sont réalistes et reconnaissent que cette différence de tempérament risque de provoquer des tensions, ils pourront en discuter et réfléchir à la manière dont ils géreront ces conflits une fois mariés. Cela les aidera beaucoup à trouver des solutions lorsque des désaccords se présenteront.

◊ ◊ ◊

Puisque les différences de caractère peuvent être facilement «détectées» et qu'elles influent grandement sur notre comportement, j'encourage les couples qui envisagent sérieusement le mariage à réfléchir ensemble à ces questions, afin de comprendre quels sont leurs tempéraments respectifs. Rien ne vous préparera davantage aux conflits qui surgiront inévitablement.

Pour vous aider, vous pouvez, si vous le souhaitez, vous prêter l'un et l'autre à un test de personnalité, puis discuter ensemble des résultats obtenus. Certains de ces tests distinguent quatre types de caractère: mélancolique, flegmatique, sanguin et colérique. Il peut être utile pour votre couple de découvrir les points forts et les points faibles de chacun de ces tempéraments de base. Cela vous donnera des pistes de discussion et vous aidera à mieux comprendre le caractère de celui ou celle que vous aimez. Ainsi, il vous sera plus facile d'accepter sa manière de réagir dans une situation donnée.

Discutez-en

Sur une échelle de 1 à 10, évaluez votre tempérament (10 = très marqué; 1 = très peu marqué).

Optimiste

Pessimiste

Ordonné

Désordonné

Loquace

Introverti

Dynamique

Flegmatique

Rationnel

Intuitif

Organisé

Spontané

Encouragez la personne que vous fréquentez à faire l'exercice ci-dessus, puis discutez ensemble de vos réponses en les illustrant par des exemples concrets.

Postface

Au fil des pages, je vous ai confié ce que j'aurais personnellement aimé savoir avant de me marier. Si Karolyn et moi avions abordé ensemble ces différents sujets, si nous avions pris le temps d'en discuter, nos premières années de vie à deux auraient été bien plus faciles. En effet, nous avons connu de nombreux conflits et incompréhensions, ce qui nous a causé beaucoup de frustration. Je sais ce que c'est que d'être marié et malheureux. Je sais ce que c'est que de se dire: *Je n'ai pas épousé la bonne personne. Si je ne m'étais pas trompé, les choses ne seraient pas si difficiles.*

Mais heureusement, nous avons pu trouver des réponses à notre désarroi et des solutions à nos conflits. Nous avons appris à nous écouter l'un l'autre, à comprendre les sentiments et les désirs de chacun et à trouver des solutions concrètes. Cela fait maintenant de nombreuses années que les choses ont changé; notre couple est aujourd'hui caractérisé par un amour véritable et un soutien mutuel qui sont épanouissants pour nous deux. Nous avons même pu consacrer notre vie à aider d'autres couples à découvrir la même chose. Le désir de mon cœur, c'est que ce livre puisse être utile à beaucoup et leur évite les années de souffrance et de luttes que nous avons traversées.

Si vous êtes célibataire et que vous ne fréquentez pas actuellement, j'espère que vous garderez en mémoire les conseils donnés dans ces pages, car ils pourront vous servir plus tard. Quoi qu'il en soit, vous avez maintenant une vision plus réaliste de ce qu'il importe de considérer avant de vous engager dans le mariage. J'espère que, lorsque vous éprouverez le «picotement» du sentiment amoureux pour quelqu'un, vous penserez à ressortir ce livre de votre bibliothèque. Alors, vous aurez des pistes à suivre pour aborder cette relation naissante de la bonne manière, puis pour décider, après avoir bien réfléchi, s'il faut dire: «Oui!»

Si vous fréquentez, je vous encourage à discuter des thèmes abordés ici avec votre petit(e) ami(e); cela vous permettra de mieux vous connaître. Soyez tous deux ouverts et honnêtes et acceptez de voir la réalité en face. Je crois que, si vous procédez ainsi, vous serez en mesure de prendre la bonne décision.

Si vous êtes fiancés, je vous encourage à vraiment prendre ensemble le temps de discuter des questions listées à la fin des chapitres. Peut-être vous rendrez-vous compte alors que votre engagement est prématuré et que vous ne vous connaissez pas suffisamment pour vous marier. Si tel est le cas, j'espère que vous aurez le courage d'être vrais l'un envers l'autre, d'accepter l'embarras occasionné et, si cela s'avère nécessaire, de remettre votre mariage à plus tard ou de rompre vos fiançailles. Je peux vous assurer que, même si c'est douloureux, divorcer trois ans plus tard l'est bien davantage.

Si, en revanche, vous parvenez à la conclusion que vous avez suffisamment en commun pour pouvoir construire un mariage heureux, le fait de réfléchir ensemble aux différents sujets traités dans cet ouvrage vous aidera à concrétiser votre rêve. Je suis profondément convaincu que si les couples prennent réellement le temps de discuter de ces questions, ils auront une vision beaucoup plus réaliste du mariage et s'épargneront bien des souffrances.

Presque tous les jeunes désirent construire un mariage heureux et durable. Mais beaucoup sont enfants de divorcés et ont connu le sentiment d'abandon suscité par ce déchirement. Et ils ne souhaitent pas répéter les mêmes erreurs que leurs parents. Le drame, cependant, c'est que, très souvent, ils ne savent absolument pas comment le rêve d'un mariage heureux et durable pourra devenir un jour réalité dans leur vie. Ce livre, j'espère, leur apportera des réponses.

Si vous en avez apprécié la lecture, n'hésitez pas à le recommander à vos amis!

Appendice

Conseils pour la période des fréquentations

Dans la culture occidentale, le mariage est en général précédé d'une période de fréquentations. Au sens large, fréquenter veut dire «entretenir une relation suivie avec une personne du sexe opposé dans le but de mieux la connaître». Il y a deux étapes distinctes dans les fréquentations.

La première consiste à se retrouver de manière occasionnelle pour des activités à deux. Ce genre de relation peut avoir une connotation romantique, mais ce n'est pas forcément le cas. Par exemple, deux personnes passionnées de musique classique peuvent se donner rendez-vous pour assister à un concert, puis pour manger au restaurant. Ou deux sportifs peuvent faire ensemble une sortie à vélo un samedi. Si l'un et l'autre n'éprouvent pas de sentiments amoureux et que de tels sentiments ne se développent pas après plusieurs rencontres, ils se considéreront probablement comme de simples amis et non pas comme des «amoureux».

Mais le plus souvent, de telles activités à deux sont motivées par un intérêt sentimental de la part de l'un ou de l'autre, ou de la part des deux. Il se peut cependant qu'ils se retrouvent plusieurs fois sans en être réellement conscients.

Le but de ces rendez-vous est, pour l'un et l'autre, de passer du bon temps ensemble et de partager des intérêts communs. Et généralement, à ce stade, la relation n'est pas exclusive. Cela veut dire que chacun est libre de faire des choses avec d'autres personnes.

La relation basée sur des rencontres occasionnelles évolue la plupart du temps de trois façons différentes. Premièrement, il est possible qu'aucun sentiment ne naisse dans le cœur de l'un et de l'autre. Mais s'ils ont vraiment des choses en commun, ils continueront à pratiquer ensemble les activités qu'ils aiment et pourront développer une solide amitié. Ce genre de relation amicale peut durer des années.

Deuxièmement, il est aussi possible qu'ils souhaitent mettre un terme à la relation parce que l'un est très amoureux et que l'autre ne l'est pas. Cela peut en effet provoquer des tensions. Ou s'ils n'éprouvent aucun sentiment l'un pour l'autre et que le lien qui les unit n'est pas suffisamment profond, la relation s'«éteindra» d'elle-même.

Troisièmement, il se peut qu'une forte attirance réciproque se développe entre eux avec le temps. Dans ce cas, ils apprécient beaucoup la compagnie l'un de l'autre et commencent à penser qu'ils sont peut-être «tombés amoureux». Les rencontres occasionnelles se transforment alors en fréquentations sérieuses.

A ce stade, la relation devient exclusive. Et s'il arrive que l'un des deux décide de fréquenter quelqu'un d'autre, son (sa) petit(e) ami(e) se sentira trahi(e) et en souffrira profondément. Il (elle) n'hésitera pas à le dire, et la conversation qui s'ensuivra aboutira soit à une rupture, soit, au contraire, à un engagement mutuel clair.

J'aimerais, dans cet appendice, parler de cette seconde étape des fréquentations. Je crois en effet que des fréquentations vécues de la bonne manière sont la meilleure préparation au mariage. Je ne veux pas dire qu'elles aboutiront automatiquement au mariage, mais je pense qu'elles aideront les couples à répondre à la question: «Devons-nous nous marier ou pas?»

Considérons maintenant ce qui caractérise une telle relation.

Apprendre à se connaître

Les fréquentations doivent permettre avant tout d'apprendre à se connaître. C'est leur but premier! Le psychisme de chaque être humain est complexe. Il est façonné par l'hérédité mais aussi par son environnement. Ce que vous voyez au premier abord ne correspond pas forcément à ce que vous découvrirez «à l'intérieur» de la personne que vous aimez en apprenant à mieux la connaître. Et ce processus de découverte demande une grande honnêteté de part et d'autre. Au début des fréquentations, nous avons en effet tendance à nous présenter «sous notre meilleur jour». Nous cherchons à faire bonne impression. Mais ce n'est pas ainsi que l'on parvient à se connaître d'une manière saine en vue du mariage.

Chaque individu a son histoire. Cette histoire nous a façonnés pour faire de nous ce que nous sommes aujourd'hui. Nous ne pouvons donc pas nous connaître sans nous ouvrir à l'autre et lui raconter ce qu'a été notre vie. Cela implique de parler autant de nos échecs que de nos succès.

Voici la conversation que j'ai eue un jour avec un jeune homme:

– Je n'ose pas lui dire que j'ai passé trois mois en prison pour un vol à l'étalage quand j'avais 16 ans, a-t-il dit. J'ai peur qu'elle ne veuille plus de moi si elle apprend ça.

– Combien de temps voulez-vous lui cacher cette information? ai-je demandé. Jusqu'aux fiançailles ou jusqu'au mariage?

– Ce ne serait pas juste à son égard, n'est-ce pas? a répondu le jeune homme.

Construire une relation sur une déception ou sur quelque chose qu'on cache revient à «saboter» la relation. Par nature, nous sommes prompts à raconter nos succès, qui donnent une bonne image de nous, mais nous hésitons à avouer nos erreurs, car ces souvenirs font mal. Cependant, pour construire une relation solide, il faut la construire sur la vérité.

Il y a deux domaines dans lesquels il est souvent très difficile d'être honnête: celui de la sexualité et celui des finances. Je vous encourage toutefois à faire l'un et l'autre vraiment preuve de transparence concernant ces questions, car ce sont celles qui provoquent le plus de conflits plus tard. Quel est votre passé sexuel à chacun? Quelle est votre histoire en termes de gestion d'argent? Il ne serait pas loyal, vis-à-vis de celui (celle) que vous aimez, de vous engager dans le mariage sans avoir parlé de ces choses avant. Et vous ne vous feriez pas du bien à vous non plus.

Récemment, une jeune femme m'a dit: «Mon petit ami m'a avoué qu'il avait eu des relations sexuelles avec trois autres filles ces huit dernières années. J'avoue que j'ai trouvé cela très difficile à assumer. En fait, j'ai encore du mal. Mais je suis très reconnaissante qu'il m'ait dit la vérité. Si j'avais appris ça plus tard, je pense que je me serais sentie trahie.»

Je crois qu'elle avait tout à fait raison et que le jeune homme en question a fait preuve d'une très grande sagesse en lui disant ce qu'il en était. Ce n'est pas parce qu'une chose est «difficile à gérer» qu'il faut l'ignorer. En effet, il y a souvent des choses «difficiles à gérer» dans la vie. Et il est au contraire utile d'apprendre à y faire face dès la période des fréquentations. Cela vous permettra de construire votre mariage sur des bases solides.

En discutant de votre manière de gérer l'argent, vous découvrirez probablement que vous ne vous organisez pas tous les deux de la même manière, que ce soit pour épargner, pour donner ou pour dépenser. Et comme nous l'avons vu, si vous vous mettez d'accord sur ces questions avant le mariage, vous rencontrerez beaucoup moins de difficultés après. Par exemple, si l'un de vous donne régulièrement 10% de son revenu à des œuvres chrétiennes et que l'autre donne seulement 2% ou, même, rien du tout, cela risque de créer des conflits par la suite.

Si vous avez des dettes, il est aussi important d'en parler. De quel genre de dettes s'agit-il? Quel en est le montant? De même, discutez de l'état de vos finances. Combien possédez-vous sur votre compte et dans quel but mettez-vous de l'argent de côté? Si l'un a tendance à être économe et l'autre plutôt dépensier, il vous faudra réfléchir à cet aspect des choses pour trouver un accord sur la manière dont vous voudrez procéder plus tard.

Ce sont là des questions essentielles qu'il importe d'aborder avant de vous engager dans le mariage, afin de trouver des solutions qui conviennent à chacun.

La période des fréquentations permet aussi d'en savoir plus sur la famille de la personne que vous aimez. Comment s'entendent son père et sa mère? Quelle relation a-t-elle elle-même avec ses parents? Et quel contact avez-vous avec les vôtres? Vos parents, ou les siens, sont-ils divorcés? Passez du temps avec vos familles respectives. En effet, si vous vous mariez, l'une et l'autre feront partie de votre vie pour un bon moment.

Si les fréquentations se passent bien, vous vous soutiendrez mutuellement dans vos études et le choix de votre profession. La question du métier et du travail a beaucoup d'importance dans la vie. Le jeune homme qui dit à sa petite amie étudiante: «Pourquoi est-ce que tu ne laisses pas tomber tes études pour te marier avec moi? J'aurai un bon poste, donc tu n'as pas besoin d'une licence» prouve qu'il n'est pas prêt pour le mariage. Sa façon de voir les choses montre qu'il est égoïste. Des fiancés sérieux s'encouragent l'un l'autre dans le domaine de la formation professionnelle.

Enfin, votre relation durant la période des fréquentations devrait être équilibrée. Notre vie, en tant qu'êtres humains, comprend divers aspects: il y a, si l'on résume, l'aspect intellectuel, l'aspect émotionnel, l'aspect social, l'aspect spirituel et l'aspect physique. Bien que ces cinq réalités forment un tout et soient difficilement dissociables les unes des autres, il peut être utile de les considérer séparément lorsqu'on apprend à se connaître.

L'aspect intellectuel

Le domaine intellectuel englobe tout ce qui concerne nos pensées, nos désirs et notre perception de la vie. On parle souvent de *compatibilité intellectuelle.* Il peut s'avérer utile de vous demander: «Est-ce que nous arrivons à exprimer mutuellement notre avis sur un article de journal et à en discuter sans nous juger ni nous disputer?» Et si, sur le plan politique, vos idées s'opposent, comment gérez-vous cela? Si vous pouvez être en désaccord sur un sujet donné sans que la conversation et l'ambiance ne dégénèrent, c'est une preuve que vous êtes intellectuellement compatibles.

Si un homme qui ne lit presque jamais fréquente une femme passionnée de lecture, ils pourront se demander s'ils disposent d'une base suffisante pour se comprendre sur le plan intellectuel. De même, une personne qui a collectionné les diplômes aura peut-être des difficultés à communiquer avec quelqu'un qui a quitté l'école à 14 ans. Vos discussions sur des sujets intellectuels vous aident-elles à avancer ensemble ou provoquent-elles des conflits et des incompréhensions? La question de savoir si vous êtes suffisamment proches l'un de l'autre sur le plan intellectuel pour pouvoir réellement vous entendre est importante.

L'aspect émotionnel

L'aspect émotionnel concerne nos réactions face à différentes situations. Certaines personnes entendent la sirène des pompiers et paniquent. D'autres se sentent très mal à l'aise devant quelqu'un qui pleure. Nous ne choisissons pas nos émotions; elles font partie de nous-mêmes. Il sera utile que vous appreniez à les exprimer l'un à l'autre, que vous cherchiez à comprendre d'où elles viennent et que vous choisissiez de les gérer de la bonne manière. Cela vous aidera à grandir ensemble et vous permettra d'approfondir votre relation.

L'aspect social

Nous sommes aussi des créatures sociales. Quelque chose, dans notre nature humaine, nous pousse à désirer vivre au sein d'une communauté. C'est d'ailleurs pour cette raison que «l'isolement» est une des peines les plus sévères que l'on puisse infliger à quelqu'un.

Comment, quand et où aimons-nous passer du temps avec les gens? Cela varie grandement d'une personne à l'autre. Notre société propose une multitude de rencontres et de manifestations pour tous les goûts. Chaque semaine, les gens assistent à diverses compétitions sportives, à des concerts, à des pièces de théâtre, etc. D'autres se retrouvent à l'église. Quels sont vos centres d'intérêt sur le plan social? Quels sont ceux de votre petit(e) ami(e)?

Une jeune femme m'a dit un jour: «Je ne comprends pas comment il peut s'asseoir tous les dimanches dans les gradins et regarder des voitures de course tourner en rond. Si c'est sa manière d'être en contact avec les gens, je crois qu'on ne vit pas sur la même planète.» Elle avait probablement raison. Ce qui est bien, c'est qu'elle a pu s'en rendre compte avant de prendre la décision de se marier.

L'aspect spirituel

Ensuite, il y a l'aspect spirituel. Comme nous l'avons vu précédemment, il semble que l'homme, peu importe son origine culturelle, soit un être profondément religieux. Puisque la question des convictions religieuses a généralement un impact sur toute notre vie, il est absolument essentiel que vous réfléchissiez à ce que vous croyez l'un et l'autre véritablement, afin de déterminer si vous êtes compatibles ou non sur ce plan.

Si, durant la période des fréquentations, vous vous disputez chaque fois que vous abordez le sujet, il vaut mieux accepter de voir la réalité en face, même si c'est douloureux. Ce sera une preuve de maturité.

L'aspect physique

La dimension physique de notre vie est celle qui est la plus tangible et la plus visible. Elle est souvent l'élément déclencheur lorsqu'on se sent attiré vers une personne du sexe opposé, et elle contribue grandement, au départ, à ce qu'une relation voie le jour. Le contact physique fait généralement partie des fréquentations. Cependant, les avis diffèrent beaucoup lorsqu'il s'agit de définir ce qui est approprié et ce qui ne l'est pas à ce stade.

Il est très important de respecter vos limites respectives dans ce domaine. Obliger celui ou celle que vous aimez à aller au-delà de ses limites n'est pas une preuve d'amour. Et cela nuira à la relation.

Malheureusement, notre société actuelle a tellement mis l'accent sur la sexualité que bien des couples qui fréquentent ont du mal à entretenir une relation saine et équilibrée. La tendance actuelle consiste plutôt à avoir des rapports dès le premier rendez-vous et à se focaliser sur l'expérience sexuelle. Mais cela sort du cadre des fréquentations dignes de ce nom et ne fait que conduire à une dépendance sexuelle, qui ne permet certainement pas de construire un mariage solide.

◊ ◊ ◊

Les aspects intellectuel, émotionnel, social, spirituel et physique de la vie ont chacun leur place dans des fréquentations saines, et ce d'une manière équilibrée. Si vous envisagez le mariage, je vous recommande de faire les «exercices pratiques» ci-après. Cela vous aidera à discuter de différents sujets importants et à développer votre relation de la bonne manière.

Exercice pratique

Pour apprendre à mieux vous connaître (ce qui, encore une fois, est un des buts principaux de la période des fréquentations), réfléchissez ensemble aux questions suivantes. Avez-vous parlé ensemble:

- ◊ de vos succès?
- ◊ de vos difficultés et de vos échecs respectifs? (Y a-t-il encore des choses qui doivent être dites à ce sujet?)
- ◊ de votre passé sexuel à chacun?
- ◊ de la manière dont vous avez chacun géré votre argent jusque-là?

Puisque votre famille vous a beaucoup influencés l'un et l'autre, cherchez à mieux comprendre ces relations à l'aide des questions suivantes:

- ◊ Comment s'entendent vos parents?
- ◊ Selon vous, quelle était leur conception de l'éducation des enfants? En quoi êtes-vous d'accord avec leur manière de voir les choses dans ce domaine? Et en quoi n'êtes-vous pas d'accord?
- ◊ Quelle relation avez-vous aujourd'hui avec votre père?
- ◊ Quelle relation avez-vous avec votre mère?
- ◊ Si vous vous mariez, en quoi aimeriez-vous que votre vie de couple soit différente de celle de vos parents?

Comme les études, la formation et le travail occupent une place importante dans la vie, discutez ensemble de ces sujets à l'aide des questions suivantes:

- ◊ Quels sont vos objectifs en termes d'études ou de formation professionnelle pour les cinq prochaines années?
- ◊ Quels sont vos projets actuels en termes d'emploi?
- ◊ Votre relation est-elle un atout ou plutôt un obstacle pour mener à bien ces projets? Précisez.
- ◊ La personne que vous aimez est-elle d'accord avec ces orientations? Vous apporte-t-elle son soutien?

Puisque des fréquentations saines sont caractérisées par une relation équilibrée, réfléchissez ensemble pour savoir si vous avez des progrès à faire dans tel ou tel domaine. Les questions suivantes vous donneront des pistes.

A. Aspect intellectuel

- ◊ Avez-vous pris le temps de comparer vos diplômes?
- ◊ Vous est-il arrivé de lire un article sur Internet ou dans un journal et d'en discuter ensemble ensuite?
- ◊ Si vous regardez parfois la télévision, quelles sont vos émissions préférées? Avez-vous l'habitude de discuter ensemble de ce que vous avez regardé?
- ◊ Lorsque vous donnez votre avis sur des questions politiques, comment la personne que vous aimez réagit-elle?

- ◊ Jusqu'à quel point vous sentez-vous libres d'exprimer votre opinion sur un sujet qui vous divise? Comment réagissez-vous en général quand la personne que vous aimez vous donne son avis?
- ◊ Pouvez-vous ne pas être d'accord sans que la conversation ne dégénère?

B. Aspect émotionnel

- ◊ Quelles émotions avez-vous éprouvées au cours de cette journée? Qu'est-ce qui a suscité en vous ces réactions?
- ◊ Faites-vous part de vos émotions à la personne que vous aimez? Si oui, jusqu'à quel point?
- ◊ Comment réagit-elle, en général, quand vous exprimez ce que vous ressentez? Y a-t-il des choses à améliorer à ce niveau dans votre relation?

C. Aspect social

- ◊ Vous arrive-t-il parfois de participer ensemble à des rencontres sportives ou culturelles? Qu'est-ce qui vous intéresse l'un et l'autre dans ce domaine?
- ◊ Quel est le sport que vous aimez le plus regarder à la télévision?
- ◊ Aimez-vous la musique et les concerts? Et si cet intérêt n'est pas partagé, en avez-vous

discuté entre vous? Comment pensez-vous concilier cela avec votre vie à deux plus tard?

◊ Regardez-vous parfois des films ensemble? En discutez-vous ensuite?

◊ Lorsque vous vous trouvez en société, qu'est-ce qui vous gêne le plus dans le comportement de votre petit(e) ami(e)? Qu'est-ce qui devrait changer, d'après vous, dans ce domaine?

D. Aspect spirituel

◊ Avez-vous parlé ensemble de votre arrière-plan spirituel à chacun?

◊ Si vous avez grandi dans une famille chrétienne, avez-vous adopté la foi de votre enfance? Ou l'avez-vous rejetée? Ou n'avez-vous pas encore pris de décision à ce sujet? Quelle est votre conception de Dieu?

◊ Si vous avez des enfants, quelle éducation religieuse voudrez-vous leur donner?

◊ Qu'est-ce qui, d'après vous, doit changer dans ce domaine?

E. Aspect physique

◊ Selon vous quel genre de contact physique permet d'exprimer, durant la période des fréquentations, l'amour que vous éprouvez l'un pour l'autre?

◊ Avez-vous discuté ensemble de ce qui vous paraît inapproprié dans ce domaine?

- ◊ Avez-vous eu le sentiment que votre petit(e) ami(e) faisait pression sur vous pour que vous acceptiez un contact physique qui vous semble inapproprié?
- ◊ Qu'est-ce qui, à votre avis, devrait changer dans votre relation à ce niveau?

A découvrir aussi

Ce que j'aurais aimé savoir avant d'avoir des enfants,
Gary Chapman & Shannon Warden

«Si seulement je l'avais su...» Un peu naïf au moment d'accueillir un premier enfant au sein de son foyer, Gary Chapman a découvert que le rôle de parent était porteur d'un certain nombre de changements et de responsabilités.

Comment agir pour le mieux pour votre progéniture sans mettre votre couple en péril? Comment armer vos rejetons pour l'âge adulte? Comment leur apprendre l'essentiel? Tout un programme, pour lequel des conseils avisés peuvent être d'une grande utilité. 192 pages – ISBN 978-2-88913-030-6